POWER MENTORING

억만장자의 언어

김 송 기 지음

65세 이전까지는 은행이, 이후는 보험이 주도하는 세계.
곧이어 거대한 '노후 청구서'를 받게 될 당신을 위하여,
1만 원으로 억(億)을 만드는 재무설계 일타 강의!

성공문화연구소

| 들어가는 글 |

'거대한 노후 청구서'가 밀려온다

2023년 1월, 인천에서 어머니(76세)의 국민연금과 기초연금 30만 원에 의지하던 딸이 '연금 받지 못할까 봐…' 어머니 시신을 2년 넘게 방치한 사건이 있었다. 이 사건은 노후 연금이 가장 큰 이슈라는 사실을 역설한다. 노후란, 수입 없이 지출만 하는 시기, 자산보다 월수입이 중요한 시기이다. 당신은 10억 원 주택과 월 1,000만 원 연금 중 어느 쪽을 선택할 것인가? 후자를 선택했다면 서둘러 '자산의 위치이동'을 시작해야 할 것이다.

워렌 버핏은 '쉽게 돈 버는 시대는 끝났다'고 말한다. 저성장 시기에 어떻게 돈을 만들 건가의 문제를 풀어야 한다. 고령화 사회(노인 인구 14%)가 발등에 떨어진 불이었다면, 2025년부터 시작되는 초고령화 사회(20%, 약 1천만 명)는 온몸에 불이 붙은 것이다. 몸에서 숨어 있던 강도가 나와 비급여 의료비와 간병 청구서가 계속 날아올 것이다. 이 청구서와의 전쟁에서 패배한 결과는 참혹하다. 가족 파산이다. 니체는 '가장 냉혹한 괴물은 국가'라고 말했다. 마지막 카운터 펀치는 국세청일 것이다. 상속세 청구서를 받은 후 깨달게 될 것이다. 수입과 재산의 일부는 병원, 국세청, 간병인의 몫이 었다는 것을.

전쟁이 발발하면 하던 일을 멈추고 전시 총동원령이 내려지듯, 몸에서 전쟁이 시작되면 당신의 모든 통장도 총동원령을 내리게 된다. 이제 막연한 꿈과 희망을 논할 때가 아니다. 구체적인 솔루션을 찾아야 한다. 조부모-부모-자녀-손자까지 3~4세대가 재무적으로 묶여 있다.

아무도 죽지 않고 돌아가며 돈 문제를 일으킨다. 대표적인 것이 간병이다. 이 폭탄이 터지면 부모가 자식을, 자식이 부모를 죽이고, 자살 아니면 타살이다. 연금 가입 시기를 놓쳤어도 실망하지 말고, 보장성보험으로 '연금'을 만들면 된다. 노후 준비의 본질은 현금이니까. 연금도 현금, 보험금도 현금이다. 현금은 '즉시 사용할 수 있는 형태'다. 현금이 금덩이다.

우리는 65세가 되는 순간, 은행 지배에서 보험이 지배하는 세계로 훅~ 들어갔음을 체감하게 된다. 65세 이후는 수많은 변수와 위

들어가는 글

험이 산재한 정글의 시작이요 지뢰밭이며, 돌아올 수 없는 '영구 이민'이다. 발목 지뢰를 밟으면 그 순간부터 100세까지 장애인의 삶이 시작된다. 지금까지 여행용 백 팩(back pack)이 필요했다면, 이젠 이민 가방으로 교체해야 하고, 한정된 예산으로 효율을 기하고자 한다면 반드시 보험에 눈을 떠야 한다.

재무설계사의 평균연령은 50대 중반이다. 몇십년 후 그들과 요양병원에서 마주칠지 모른다. 지금부터라도 재무설계의 주인이 되어 보험금 청구 등 내 보험을 내가 다룰 수 있어야 한다. 재테크 전문가 중에는 보험 들지 말라는 이가 있다. 그가 암 통고라도 받으면 태도가 달라질 것이다. 생로병사를 모르는 철부지가 당신의 노후를 책임질까? 단언컨대 그들의 성공학과 불확실한 100세 리포트보다 통계에 근거한 이 100세 보고서가 직접적인 도움을 줄 것이다.

한 해 생명보험 지급금이 100조 원에 육박한다. 이 거대한 돈의 흐름은 GDP에 포함될 뿐, 알려지지 않은 채, 조용히 누군가의 병원비로, 자녀 학비로, 간병비로, 주식·부동산의 자금 출처가 되고 있다. 보험금 지급의 조건은 단 하나, 미리 가입되어 있어야 한다는 것이다.

지금, 이 순간에도 혁신적인 상품이 출시되고, 금세 사라지고 있다. 그 가운데 소비자는 노후 준비가 급하고, 경제환경 변화로 늘 불안하면서도 그간의 편견과 오해로, 또 정보 부족으로 자칫 내게 맞는 상품을 준비할 기회를 놓치고 있다.

문자에 담긴 정보를 이해하는 성인의 문해력(文解力. literacy)도 100점 만점에 평균 66.5점에 불과하고, 금융태도면에서는 누구나 적극적으로 저축(97.8점)을 하고 있지만, 장기 재무목표 설정(48)과 점검(55.7)은 낮은 점수였다.(금감원. 2022) 아끼고 절약(80.6)하여 빚은 잘 갚는다.(68.6) 노후 준비도 못 한 채 현실에만 급급하단 의미다.

인터넷 댓글을 보면 '한 줄 요약'이 안 되고 있다. 이해하지 못한 상품을 구매할 수 없고, 구입했어도 다룰 줄 모르니 시간과 돈의 낭비가 된다. 모든 상품을 구매할 수도 없고 아무 상품이나 가입한다고 머니 하우스가 지어지는 것도 아니다. 가치를 모르면 오로지 싼 것만 찾게 된다. 그만큼 소통이 중요한 때이다.

들어가는 글

　이 책은 글로벌 금융위기였던 2009년 출간된 노후지침서 '장수 입장권'(The way to long term age)의 시즌2이다. 7년간 발송해 온 '멘토링 레터' 중 선별하여 다양한 주제와 실제 사례를 담은 것이다. 시즌1에서는 국민연금의 중요성과 콕 집어 '연금보험'에 가입하라고 조언했다. 시즌2에서는 현금을 만드는 모든 통장을 '장수 입장권'으로 보고, 가족, 재무, 노후, 간병 등 인생의 주요 이슈에 대한 핵심 정보와 통찰, 보험을 통해 어떻게 가족의 현금을 만들 수 있는가에 대한 실용적인 솔루션을 제공한다.

　1장은 전체 내용을 아우르는 요약 강의다. 2장은 연령별 위험요인과 준비사항, 3장은 노후 목표설정과 국민연금, 4장은 간병 준비, 5장은 종신보험의 다양한 쓸모와 상속 문제, 6장은 보험에 대한 깊이 있는 이해를 돕는 내용이다. 의도는 명확하다. 돈의 방향을 자신과 가족에게 향하는 생각의 전환점과 생각의 단초를 제공함으로 끝까지 읽고 나면 인생과 재무설계에 대한 '자기 입장'이 서도록 돕는 한 줄 스토리였다는 것을 알게 될 것이다.

　필자 또한 부모님의 노후, 간병, 생활비와 부부의 노후, 저축과 투자, 자녀의 미래 등을 고민해 왔다. 한 사람의 고민은 모두의 고민일 것이므로 제시되는 여러 시나리오는 '어쩌면 내 이야기'일지 모른다. 복합 처방이 필요한 노후 문제이지만, 쏟아지는 정보 속에서 쉽고 명확하게 정리해야 한다는 생각으로 각 챕터마다 고심했던 오랜 과정을 겪어 왔다.

집필 중 어느 순간부터는 누군가의 요청으로 '쓰인다'고 느껴졌다. 그들이 누구일까? 아마도 노후를 걱정하면서도 구체화하지 못한 이들, 가족의 삶을 안정적으로 만들고 싶은 이들, 보험의 초보자와 보험을 효과적으로 이용하려는 이들, 사회에 진출하면서 본격적으로 금융 생활에 노출된 청년들, 재무 의사결정을 내리는데 전문인의 경험과 지식, 세심한 멘토링이 절실한 이들일 것이다. 책을 읽으며 '나를 위한 책'이라고 느껴진다면 요청한 그가 바로 당신이다. 만나게 되어 반갑다. 아무쪼록 탄탄한 노후 준비와 재정 안정을 위한 첫걸음이 되길 희망한다.

김 송 기

Contents

들어가는 글 | '거대한 노후 청구서가 몰려온다.'

Chapter 01. 트렌드

모든 형상은 무너진다. _16

4가지 키워드 | DSR 3단계 시작 | 바젤Ⅲ 시작 | 기한이익의 상실

약관대출의 기한이익 | 기초가 무너지면 | 화폐신분의 고정화

선진국은 위험한 사회 | 금융회사의 변신 | 현금 시스템 만들기

왜 현금이 중요한가? _32

베이비붐 세대의 십자가 | 가정이 파산하는 이유 | 보험료는 투자금

실제 사용자 | 생각해야 할 2가지 | 생존자금을 확보하라.

3가지 개념 | 저축방식을 바꿀 때 | 30세 청년의 노후준비

55세 부부의 연금설계 | 암(癌)보다 시급한 것 | '재무 성인식'이란?

세대 승계 기금 | Coffee break 아버지의 마음

Chapter 02. 인생 이야기

인생을 생각하다. _51

승강기에서 생긴 일 | 인생이란? | 질량 보존의 법칙

주목할 부고(訃告) | 돈 많은 미망인 | 쉼표 금융

자녀에게 알려 줄 것들 | 아빠가 노력을 안 해요 | 엄마는 잘 계시지?

왜, 내 통장엔 억(億)이 없을까? | 주홍 글씨 | 암호 해독

내 시간을 보다. _65

100세 시대란? | 노후 수험생 | 바람직한 현재

사회 초년생 & 예비부부 | 45세, 꿈이 같아진다.

50대, 소득절벽과 만나다. | 50세, 고생 끝에 암 | 암 생존율 70%

모을 거냐, 보험 할 거냐? | 납입면제 보험금

55세, 탄탄하게 보호할 시기 | 65세, 숨은 강도의 출현

75세, 위험구간 진입 | 80세 이후, 가족파산

난, 죽을 준비가 되었나? | 사전연명의료의향서

재무철학 _83

피해야 할 시나리오(공감 체크) | 은행과 보험의 차이

어떤 직장을 선택해야 할까? | 어떤 대답을 들을까?

신용불량자의 생각 | 각가도생(各家圖生) | 셀프 적선

Coffee break 연령별 평준화 | Power thinking

Chapter 03. 노후, 숙제에서 축제로!

시간 여행 _97

어느 은퇴자의 일기 | 3명의 대답 | 변화된 모습들 | 그때가 되면...

여기, 축제 현장(Silent disco) | 응답받는 기도 | 아껴 써!

아내의 노후가 위험한 이유 | 절 미 통 | 문해력 테스트

설계 전략 _104

숙제 안 한 아이의 최후 | 정액제 vs 정률제 | 매각 不可

머니 하우스란? | 과거로 돌아가고 싶지 않아요~ | 아내가 말했다.

효심 지갑 | 연금 천국, 불신 지옥 | 울 아빠, 실버타운 입주민이야~

연금에도 세금이 있을까? _115

연금에 붙는 세금(국민연금, 퇴직연금, 개인연금)

직장인, 자영업자의 노후준비(실전) | 건강보험료가 무서워요~

건보료 절약을 위한 3가지 꿀 팁

국민연금 재테크 _126
국민연금 파도타기 | 자녀에게 줄 최고의 선물

장애연금, 또 하나의 보험 | 세기의 결혼

3가지 고민 | 내 국민연금 계산 | Coffee break 아들에게 주는 조언

Chapter 04. 간병 스토리
나는 전적으로 몸이다. _143
3가지 상황 | 누구나 벌레가 된다. | 일본 사례 | 가속(加速) 노화

연령별 흐름과 원인 | 간병 보장으로 색칠하기

모든 보험은 간병보험이다. | 한강 홍수 통제소 | 한국은 장애인 국가

치매 브리핑

간병 설계하기 _159
내 가족에게 간병이 생긴다면… | 요양원과 요양병원의 차이

Coffee break 모든 병은 걷지 않아서…(주 5일 걷기)

Chapter 05. 종신 스토리

가문 기획 _171
가을 운동회 | 친구와 나의 차이 | 혈구가 뿌리를 기억한다.
가난의 고리 끊기 | 늘어나는 상속 부자 | '인생 보험'이 있는가?

Marriage license _177
죽지 않는 남편 | 왜 그리 신이 났을까? | 가장의 직무(role)
부성 결핍 | 머니하우스 만들기 | 기둥부터 세워라 | 가족을 위한 보험
진실의 등대가 서다. | 역할 장례식이란? | 가장이 사망하면…
아무도 묻지 않는다. | 모파상의 목걸이

종신보험의 쓸모 _190
후버 댐 이야기 | 융통성 있는 보험 | 변형(transform) | 아내의 연금
주택연금 수령 중 부모 사망 | 장애인 자녀가 있다면… | 7가지 쓸모
단기납 종신보험

상속 채무 _206
저축의 목적이 바뀐다. | 상속세, 숨겨진 채무 | 부동산 국유화

15억 주택의 상속세 | 80억대 상가건물 상속세 | 주목할 상속설계

Power thinking

Chapter 06. 보험, 가족의 곳간

시공간 여행 _225

3명의 기도 | 세상의 신음소리를 보다 | 아이언 맨의 죽음

대화 엿듣기 | 불행을 다루는 방식

보험이란? _232

환전(exchanging money) | 보험증서, 가족의 역사 기록

공산당 입당원서 | 차용증서 | 보험료의 의미 | '개인보험'이란?

청약서 서명식

설계전략 _240

우문현답(愚問賢答) | 뭣이 중헌디 | 위험관리의 3 원칙

지출의 4 원칙 | 대차대조표 & 손익계산서 | 실손보험의 미래

보험금으로 보험료를 낸다 | 암 보험, 나빠요~

간편(유병자) 보험 | 최저가 공동 구매 | 납입기간에 대한 오해

보험금 쇼핑 전략 | 가족만의 의료시스템 | 마치는 글

CHAPTER 01
트렌드

"미래를 두려워하고 '의도적 겁쟁이'가 되라.
몸 밖에는 도둑이, 몸 안엔 강도가 노리고 있나니!"

모든 형상은 무너진다.

4가지 키워드

각자도생

항해 중 난파되어도 내 힘으로 헤엄쳐 나오라는 말이다. 분주하고 바쁜 출근길, 다들 생업 현장으로 달려간다. 이번엔 퇴근길이다. 다들 어디로 바쁜 걸음을 재촉하고 있는가? 각자의 집이다. 집에 누가 있는가? 가족이다. 결국 모두 가족에게 돌아가는 것이다. 가출한 통장도 가족에게 귀가(歸家)시켜야 한다.

1인당 GDP가 3만 불, 5만 불이면 뭐 하겠나? 내가 부자여야 하고, 내 가정이 살아야 한다. 국가 GDP의 3배가 넘는 채무를 진 일본이 버틸 수 있었던 것은 튼튼한 가계 재정이었다. 한국은 정반대다. 가족은 경제 공동체다. 서로를 치료하는 슈바이처요, 서로에게 현금을 주는 산타클로스가 돼야 한다. 우리의 복지

안전망은 어떠한가? 옆 사람이 죽어가도 나 살기 바쁘다. 피 흘리며 노인이 죽어가는데 행인 50명이 그냥 지나간다.(서울신문 2022.5.13)

초고령화

위기에 처하면 노인을 버리고 간다는 말이다. 국민연금 개혁, 건강보험 개혁이 진행 중이고, 월급만 빼고 다~오르는데, 여력은 오히려 줄어들고 있다. 빛의 속도로 다가오는 노후 열차에 탄 당신은 시간이 부족하고, 일만 하느라 재무설계를 몰랐다. 다수는 기대수명보다 오래 생존할 것이고, 저학력 빈곤층은 건강수명이 짧아 언제 사망할지 모르고, 간병위험이 덮칠 위기다. 그간 물가가 저렴했던 이유는 생산 인구 증가로 자영업자 창업이 많았기 때문이다. 이제는 정반대다. 창업보다 폐업이 늘어나면서 인건비마저 상승하여 연금액이 반토막 난다는 것이다.

생존기금

믿을 것은 '가족, 현금, 보험'이다. 국민소득 3만 불이 넘으면서 세상이 변했다. '부모님에 대한 효도, 형제간 우애, 친구 간 우정, 다른 사람에 대한 배려'가 사라졌다. 왜? 기본욕구가 충족되어 서로 의존하지 않는 것이다. 해변에 모래로 만들어진 '심슨네 가족'의 사진을 보았는가? 그들의 단란한 행복은 단 한 번의 파도로 흔적도 없이 사라진다.

젊을 때는 비즈니스 일정으로 꽉 채워졌지만, 중년엔 부모 간병으로, 노후엔 병원 투어로 바쁠 것이고, 움직이면 돈, 숨만 쉬어도 돈이 들어간다. 그 돈을 준비하는 일이 보통 일인가? 내 몸에서 숨어 있던 강도를 어떤 통장이 제압할 것인가?

가치 흥정

저성장 시대는 '가치 소비'다. 가치가 작으면 아주 싼 것을 사고, 소비자의 80%는 가치가 있다면 아무리 비싸도 구입한다. 잘못된 지출은 언제든 중단하고, 지출을 조정한다. 가치 비교는 이미 생활이다. 6백만 원 스마트 TV, 150만 원 스마트 폰, 1천만 원 캠핑 장비, 유럽 여행 등에 아낌없이 지불한다. 국민소득 2만 불까지는 물질적 행복을 따졌다. 3만 불까지 가성비(價性費)를, 3만 불 이상은 가심비(價心費), 즉 나만의 가치 추구다.

DSR 3단계 시작

2022년 7월 1일은 DSR 3단계가 시작된 날이다. 이날로부터 선진금융시스템으로 들어갔음을 의미한다. DSR 규제는 총부채원리금상환비율이다. 모든 대출(주택담보대출, 신용대출, 자동차 할부, 학자금대출, 카드론 등)을 합하여 대출총액 1억 원이 넘으면, 대출한도가 세전 연소득의 40%로 축소된다. 또 기존 가구단위 대출이 개인(차주) 단위로 바뀌었다. 담보가 많아도 상환능력이 안 되면 대출이 안 나간다. 소득이 계급을 정하고, 담보대출이 신용대출화된 것이다. DSR 60%라면 대출 만기가 되었을 때 40% 이상 초과분을 상환하거나 이자를 더 내야 한다.

2023년 1분기 말, 가계대출자 수는 약 2천만 명(1,977만), 대출잔액 1,845조 원, 1인당 평균 9,334만 원이다.(한국은행) 전체 가계대출자의 평균 DSR은 40.3%다. DSR이 70% 이상이면 최저생계비만을 빼고 거의 모든 소득을 원리금 상환에 쏟아부어야 한다. 눈뜨면 빚부터 갚아야 하는 이들이 300만 명(299만. 15.2%)이다. 3인 가족의 가장이라면 900~1,000만 명이다. 금리가 상승하면 DSR 비율이 자동으로 올라간다. 추가 대출을 받기 위해 마지막 찾는 곳이 대부업체인데, 2022년 말 대부업체 13곳이 급증하는 연체율을 감당하지 못해 신규대출을 중단했다. 돈을 못 구해서 난리다.

경기침체로 자영업자의 소득이 줄어들면 DSR비율이 올라간다. 실직, 출산 휴직, 기업 구조조정, 은퇴, 간병 등으로 소득이 끊겼다면 DSR 비율이 올라간다. 생활물가가 폭등하고. 준조세가 오르면 상환능력이 줄어든다. 고금리가 지속되면서 전셋값 하락으로 세입자가 이사 나가겠다면 다주택자 중 신용불량자가 양산될 것이다.

이제 패러다임은 양적 성장에서 수익과 생존으로 바뀌었다. 대출이 자유로웠던 저금리·고성장 시대의 1억 원과 고금리·저성장 시대의 1억 원은 가치가 다르다.

DSR 평균	DSR 70%	DSR 100%
40.3%	124만(6.3%)	175만(8.9%)

DSR 적용 제외

1. 중도금 대출(분양주택, 분양 오피스텔, 재건축·재개발주택의 이주비·추가 분담금)
2. 주택연금, 보험계약대출, 예적금담보대출, 할부리스·현금서비스, 상용차금융
3. 전세자금대출(전세보증금 담보대출 제외), 서민금융상품
4. 3백만 원 이하 소액신용대출(유가증권담보대출 포함)
5. 정부·공공기관·지방자치단체 등과 이차보전 등 협약 체결하여 취급하는 정책대출
6. 자연재해지역 지원 등 정부 정책에 따라 시급하게 취급하는 대출

연 소득	DSR 연간 상환	월 상환
3,000만	1,200만	월 100만
5,000만	2,000만	월 166만
6,000만	2,400만	월 200만
9,000만	3,600만	월 300만
1억	4,000만	월 333만

바젤Ⅲ 시작

2023년 1월부터 바젤Ⅲ 시장리스크가 적용되었다. 바젤Ⅲ는 국제결제은행의 은행규제법으로 은행이 파산하지 않도록 ①자본을 쌓고, ②대출을 규제하는 것이 골자다. 자본을 확충하기 위해, 이자가 높은 신종자본증권(영구채)도 발행한다. 자본조달비용이 많이 드니 대출이자가 상승한다.

게다가 경기 침체로 '시장리스크'까지 반영하면 은행은 예상손실을 크게 잡아 충당금(적립금. 경기대응완충자본)을 더 쌓게 된다. 담보 별 위험가중치를 차등하여 대출한도를 더 축소하고, 까다롭게 심사한다. 가계대출을 줄이는 대신 기업대출을 늘인 결과, '대차대조표 불황'(Balance Sheet Recession), 즉 가계와 기업이 부채를 줄이는 데 집중하면서 소비 여력이 계속 줄어든다.

기한이익의 상실

은행은 '수입'을 기초로 대출해 준다. 어떤 이유로든 이 기초가 무너지면 어떻게 될까? 연체 3개월(고정 이하 여신)부터는 부실채권으로 분류되고, 만기일까지 대출금 전액을 갚지 않아도 되는 '기한이익'이 사라진다. 기한이익이 사라지면 대출 회수 혹은 대출 원리금에 가산이자까지 붙는다. 마지막 종착점은 임의경매와 채권추심이다.

은행원은 숫자만 본다. 연체가 시작되면 당신은 사람이 아니라 '부실채권'이고, '다중채무자' 일뿐이다. 모든 절차가 시스템으로 규정되어 인정도, 사정도 기대하면 안 된다. 이 소중한 현금을 구할 곳은 자신과 가족밖에 없다. 하나 더 있다. DSR 적용을 받지 않는 보험계약대출(이하 약관대출)이다.

자산건전성 분류

구분		재무상환능력 기준	연체기간	대손충당금 적립비율(%)
정상	① 정상	채무상환능력이 양호	1개월 미만	0.85
	② 요주의	상환능력이 떨어질 잠재요인	1~3개월 미만	7~19
부실채권	③ 고정	상환능력 악화요인 가시화, 회수에 상당한 위험	3개월 이상, 회수가능 예상가액	20~49
	④ 회수의문	상환능력 현저히 악화, 채권회수에 심각한 위험	3~12개월 미만 예상 초과	50~99
	⑤ 추정손실	회수가 확실히 불가능	12개월 이상, 예상 초과	100

약관대출의 기한이익

약관대출은 DSR 규제나 신용점수와 무관하다. 해지환급금의 50~95% 내에서, 소득 증빙 심사 없이 모바일로도 신청하면 실시간 입금되고 보험기간이 끝날 때까지 이자만 내면 된다. 중도상환수수료도 없다. 적립금이 쌓인 만큼 대출한도도 늘어난다. 가입자는 보험가입과 함께 약관대출의 기한이익도 얻게 된다. 급전이 필요한 서민, 직장인에게 아주 유용한 제도다. 약관대출 이용금액은 약 66.1조 원이다.(2022년 8월) 스스로 묻자. '내 보험에서 어느 정도의 약관대출 금액이 가능할까?"

종신보험의 예정이율이 2%라면 높은 금리가 아니다. 그러나, 약관대출을 받아 보면 생각이 달라진다. 약관대출이율은 예정이율(기본이율)에 1.5% 정도 마진을 붙여 3.5%가 된다. 이는 개인 간 금전거래 시 적정이자율(4.6%)보다 낮은 이율이다.

기초가 무너지면

그동안 월급을 모아 부동산을 사고, 이를 담보로 사업을 했다. 부동산 업종으로 수많은 직업이 밥을 먹고 살았다. 이 기초가 무너지면 건설사와 금융회사가 무너지고, 정부 곳간(각종 세금)도 비게 된다. 결국 65세에 남은 것은 국민연금과 대출받은 집 한 채다. 그사이 몸이 돈 먹는 하마로 변한다는 시나리오! 과연 당신의 보험은 안녕하신가?

유방암 학회에 따르면, 50대에 접어든 여자의 절반은 유방암 확률이 있다. 지속되는 경기 침체 후에는 암 환자가 속출할 것이다. 암은 확실히 돈 문제와 관련이 있다. 질병유발물질 범벅인 미세먼지는 치매의 원인이고,(동아일보 2023.3.16) 후쿠시마 원전수로 먹거리도 불안하다. 몸 안팎에서 전쟁은 이미 시작되었다.

화폐신분의 고정화

2027년이 되면 베이비붐 세대는 대부분 은퇴할 것이다. 그러면 일할 사람이 귀해져 자녀들의 취업사정은 나아질 것이다. 자식 걱정보다 당신이 더 걱정이다. 인당 GDP가 3만 불이면, 4인 가구의 연 소득은 1.6억 원이어야 하지만 현실은 어떤가? 어떤 가정은 2만 불, 다른 가정은 6만 불이다. 한국은 철저한 화폐계급사회. 발만 헛디뎌도 신분이 바뀌고 계급이 바뀐다.

'언제나 평등하지 않은 세상을 꿈꾸는 당신에게 바칩니다.' 이 캐치프레이즈는 서울 서초구 반포동에 들어설 주상복합아파트의 광고 문구였다. 이것이 현실이다. 이 격차를 줄여야 할 가난한 이들은 먹고사는데 바쁘고, 부자가 재테크에 더 적극적이다. 서울 강남 타워 팰리스 앞 카페에 가보라. 온통 돈 애기뿐이다.

선진국은 '위험'한 사회

열망하던 선진국, 뚜껑을 열어 보니 저성장, 고물가, 고임금, 고위험, 고격차 사회였다. 큰돈 벌 기회는 줄었고 위험만 커졌다. 생활 물가도, 자산 가격도, 등록금도 병원비도 다~ 올랐다. 한번 오른 가격은 내릴 줄 모른다. 매달 몇백만 원씩 대출 원리금도 갚아야 한다.

100세 시대라도 사망통계는 개인, 계층, 직업마다 다르다. 성인 4명 중 1명은 100세 시대 이주민이지만, 어떤 이는 요양병원 입주민이다. 사람만 초고령화가 아니다. 30년 된 아파트와 건물은 내부 배관, 전기배선도 30년이다. 어디서 불이 날지, 무너질지도 알 수 없다. 지하철을 타면 정신이 불안정한 사람들이 돌아다닌다. 어떤 의미인가? 전문용어로 '피보험이익'의 상승이다. 피보험이익이란 '보험에 가입하여 얻을 이익'이다. 보험에 가입해야 할 이유가 늘었다는 것이다.

아르키메데스는 "받침점을 다오, 그러면 내가 지구를 들어 보이

겠노라."라고 말했다. 찰라(순간)가 영원을 결정한다고 했던가. 가수 강원래 씨는 오토바이 사고로 상대측 보험사로부터 21억 원을 보상 받았다. 보험은 이 거대한 리스크를 들어 올릴 수 있는 지렛대가 된다. 피보험이익을 얻지 않으면 피가 철철 나는 피보험손실이다.

금융회사의 변신

- 2011~2012년 연 8%대 고금리 후순위채를 팔던 저축은행들이 영업 정지되어 1만여 명의 투자자, 2천억 원이 넘는 돈을 잃었던 저축은행 사태.

- 대규모 환매중단을 불러온 라임펀드·옵티머스 펀드 사태. 원금손실 100%가 날 수 있는데도 증권사에서 팔았다.

자산 관리의 3원칙은 ①안전성 ②유동성 ③수익성이다. 중요도 같은 순서다. 수익성이 맨 끝이다. 언제든 금융회사가 파산할 수 있는 상황에서 가장 몹쓸 생각은 이것이다. '알아서 잘해주게 거니…' 금융위기는 매번 같은 패턴이다. 저성장 시대임에도 고수익률을 약속한다면 의심부터 해야 한다.

최근 은행, 보험사, 기업 할 것 없이 파산위험에 대비하여 고금리 '신종자본증권'(영구채)을 발행하여 자본을 채우고 있다. 은행은 자기자본비율(BIS)을 최소 8% 이상 유지해야 하고, 보험사는 2023년 신 회계제도(IFRS 17)를 시행하기 때문이다. 신 회계제도의 핵심은 자본과 부채 모두를 '시가'로 평가한다는 거다. 기존에는 자본은 시가로, 부채(보험금)는 원가로 평가하여 매출에만 신경 썼지만, 이젠 파산방지와 수익 중심으로 바뀐 것이다. 넘치던 판촉용품은 사라지고 효율을 따지게 되었다. 좋은 상품을 소개받는 것이 최고의 서비스다.

더구나 65세 이후는 100% '인출 시장'이다. 예금이나 보험료보다 지급이 많아진다. 은행도 급하면 우대금리를 들고 나오듯, 보험사도 획기적인 상품과 부가서비스를 내놓고 있다. 지금이 노후 준비의 절호의 기회이자 마지막 기회일지 모른다.

현금 시스템 만들기

일본은 2005년 초고령사회, 한국은 2025년 초고령사회로 정확히 20년 차이가 난다. 일본인은 정년을 3단계로 구분한다. ①직장 정년 ②65세부터 20년간 일 정년 ③인생 정년이다. 은퇴 후 20년간은 연금 겸업형, 즉 [연금+저임금]으로 살아간다. 우리도 '국민연금 150만원+근로소득 200만원=월 350만원', 이런 식이 되어야 한다. 또 적립식 펀드가 주류인 한국과 달리, 20년간 일본의 직·간접 투자자산은 주로 채권 혹은 월지급식 채권 펀드였다.

저성장 시대에는 기대수익률을 낮추고 분산해야 한다. 부동산은 수익형 부동산, 주식은 배당주, 3개월마다 이자가 나오는 채권이나 채권형 펀드 등으로 월수입을 늘려야 한다. 채권은 상대적으로 안정적인 수입을 보장한다. 10억 원으로 5%짜리 A등급 회사채를 샀다면, 1년 이자는 5,000만 원, 이자소득세 15.4%를 빼면 월 353만 원의 월수입이 들어온다. 여기에 국민연금과 개인연금, 또 종신보험의 중도인출금까지 포함하면 한 달 5~600만 원이 넘는 시스템이 만들어진다. 10억 원은 목표이자 기준으로 생각하자.

IMF 때 은행은 BIS비율을 맞추기 위해 '후순위 채권'을 앞다 퉈 발행했다. 이때 5년 수익률이 100%, 1억 원 예치하면 5년 후에 2억 원을 받을 수 있었다. 자금조달이 어려워지면 채권수익률도 상승하게 된다. 자녀 취업 후 월급 전부를 저축하게 한 후 부모님의 카드를 주어 생활비로 사용하게 하면, 일부 목돈 증여와 더불어 자금출처를 만들 수 있다.

채권에서 3개월마다 이자를 받는 재미로 저축습관도 만들면서 이자로 적금을 불입할 수도 있다. 과거에는 고액을 투자해야 했지만, 지금은 모바일로 1,000원 단위로 투자할 수 있다. 알고 보니, 주식 전문가도 뒤로는 대부분 채권 투자하고 보험도 들어 놓더라.

왜 '현금'이 중요한가?

베이비붐 세대의 십자가

베이비붐 세대(55년생~74년생)는 재산을 물려받은 것 없이 부모와 자식을 부양하고, 자기 죽을 돈까지 마련해야 하는 상황에서 기대수명만 연장되었다. 120세까지 내 몸 수리하면서, 손자 대학까지 보내고 죽어야 하는 그랜드 이코노미(grand economy)이다. 자칫 인간 존엄을 지키며 죽기가 어려워졌다.

우리나라의 부채 뺀 가구 순자산은 3억 6,287만 원, 이중 부동산 비율을 제외하면 현금은 1억 원 정도다.(통계청. 2022년) 매일 노후를 걱정하면서도, 얼마가 필요한지. 어느 정도 준비됐는지 따져 본 적이 없다. 그 사이 자녀 결혼비용과 노노(老老) 간병으로 퇴직금 통장이 털릴 위기다. 그렇지 않으면 자식은 캥거루족이다. 20~35세 10명 중 6명(57.5%)이 부모 집에 거주하며 뚜

렷한 독립 계획도 없다.(국무조정실. 2023년) 이것이 베이비붐 세대의 십자가다.

부부의 노후 적정 생활비는 300만 원이다. 그러나, '여유 있다'는 10명 중 1명(8.7%)도 안 된다.(통계청. 2020년) 손자를 반갑게 맞이하려면 월 500만 원 이상 있어야 하고, 갑작스러운 폭탄 같은 세금, 차량 수리비, 집수리비, 의료비는 별도다.

가정이 파산하는 이유

멀쩡한 가정이 파산하는 이유는 월급은 분할로 받고, 나갈 돈은 목돈이기 때문이다. 상속세도 목돈, 부가세도 목돈, 재난 의료비, 대학 등록금도 목돈이다. 푼돈 나눠 받고, 목돈 토해 내는 '나토'다. 이 항목들은 할부도, 에누리도 없다.

중병(중대한 질병)에 걸리면 대도시로 몰린다. 높은 수준의 경험과 지식을 갖춘 전문 의료진, 첨단 검사장비, 고도의 의료기술, 양질의 의료서비스 등 눈부시게 발전하는 신의료기술의 혜택을 받기 위해서이다. 진료만 콕 집어 받을 수도 없다. [진료비, MRI, CT 촬영, 혈액검사, 수술, 입원, 간병, 약값]까지 억(億) 소리 나는 패키지다. 그래서 일단 일이 벌어지면 집부터 팔게 되는 상황이다.

보험금이 바로 원했던 형태의 목돈이다. 현금은 즉시 결제가 가능한 형태로 통장에 입금된다. 공제도 공증도 필요 없다. 단 1회 보험료만으로도 확보할 수 있다.

보험료는 투자금

'보험료=지출'이란 생각이 망조를 내고 있다. 보험이 지출이라면 다이어트해야 한다. 하지만 100세 보험은 중간에 해지하지 않으면 보험금 받을 확률은 100%다. 보험금을 언제 받느냐, 라는 시기의 차이뿐이다. 확률이 100%면 저축이고 투자 아닌가. 핵심은 보험금이다. 보험회사는 현금을 캐는 광산이다. 모든 형상은 시간이 가면 변형되고 무너진다.(석가모니) 당신이 재벌 2세가 아니라면 보험에 대해 더 진지해져야 한다. 보험을 모르면 가난해진다.

대학생(50대)··· 자산의 위치이동

고교생(40대)··· 보험은 재테크야~

중학생(30대)··· 보험은 꼭 필요해!

초등생(20대)··· 보험은 의무보험만!

실제 사용자

휠체어용 경사로의 실제 사용자는 일반인이다. 보험금의 실제 사용자는 수익자. 암 진단비의 실제 사용자는 환자 가족, 사망보험금의 최종 수혜자는 자녀, 입원비는 보호자다. 또 가입은 내가 하지만, 실제 사용은 타인인 상품이 있다. 간병보험과 종신보험이다.

60세 이상 3명 중 2명(75.1%)은 '성인 자녀와 함께 살고 싶지 않다'라고 답했지만, 현실은 3040 미혼 절반 이상이 부모와 산다. 자녀는 생활비 절약이고, 부모는 돌봄 때문이다. 보험금은 가족이 쓸 현금 상품권이고, 일부 담보들은 반복해서 사용할 수 있는 현금 쿠폰이다.

생각해야 할 2가지

뇌는 현재만을 바라보기에 미래를 내다보는 이들은 소수의 엘리트다. 노후준비가 중요한 줄 알면서도 실제 준비가 안 되는 '연금 패러독스'는 세계적 현상이다. 그러나, 한국전쟁 중에도, IMF 시절에도 보험증권만은 꼭 쥐고 있었다. 마지막 남은 전 재산이고, 보험증서가 쌀가마니보다 더 유용한 현금이기 때문이다. 2가지를 생각해야 한다.

10년 후에도, 지금 가진 보험이 유용한가?
이 보험금이, 자신과 가족을 보호할 만큼 충분한가?

생존자금을 확보하라.

보험의 세대 가입률은 98% 정도이다. 하지만 자동차보험에만 가입해도 카운트되므로 실상은 백지상태다. 평균 사망보험금은 5~6천만 원으로 1~2년 생활비에 불과하다. 예전 가입해 둔 종신보험은 이미 해지해 버렸고(10년 유지율 35%대) 이젠 오래 살

까 걱정이다. (개인연금가입률 24%)

보험상품은 2가지다. 적립금이 있는 보험과 적립금이 없는 보험! 은행과 달리 보험은 돈을 쌓는 방식이 독특하다. 보험의 적립금이란, 미리 낸 보험료(단기납)를 회사에 쌓는 것이다. 적립금에서 '립'만 빼 보자. '적금'이다. 적금이란, 쌓을 적(積), 돈 금(金), 즉 현금을 쌓는 것이고, 적립(積立)이란, 푼돈 모아 목돈을 만든다는 의미다.

이 적립금으로 약관대출, 중도인출, 연금전환이 가능하고 적립금이 쌓일수록 모든 기능이 살아나게 된다. 보장받으면서 적립금도 쌓는 것이다. 위험 보장을 기반으로 재산 증식, 노후 설계라는 3마리 토끼를 잡는 교토삼굴(狡兔三堀)이다. DSR 제도는 국가금융 시스템, 약관대출은 DSR 규제에서 제외되는 사적 시스템이다. 히든카드가 하나 더 있어야 한다. 적립금도 생존보험금이다.

3가지 개념

첫째. 보험에 가입하는 최종 목적은 보장이 아니다. 가족에게 필요한 '현금 확보'다. 상법 제730조를 찾아보니 '약정한 보험금 지급'이었다. 보험금은 오직 현금으로 지급된다.

둘째. 노후에 나오는 모든 돈은 연금이다. 자녀에게 받은 용돈도 연금이다. 보험금을 노후생활비로 전용해도 연금이다. 입원특약 일당 5만원에 가입했다면, 요양병원 입원했을 때, 월 150만원(日 5만×30일)을 매년 6개월씩 받게 되는 '입원 연금'이다. 보장성보험도 '보장 연금'인 것이다.

셋째. 한 해 지급된 보험금은 약 100조 원으로 보험금과 적립을 합한 것이다. 적립금도, 납입면제 혜택도, 만기금, 중도인출금, 해지환급금 등 가입한 보험에서 나오는 모든 돈은 다~보험금이다.

2020년 생명보험사 보험금 21.5조원

생존보험금 10.6조 / 입원 9.56조 / 사망 2,830억원/ 상해 2,550억

저축방식을 바꿀 때

기상청은 '연중 맑은 날보다 궂은 날이 더 많다'고 알려주고, 통계청은 '미래는 절대 희망적이지 않고 실패할 확률이 더 높다'고 알려준다. 우산부터 준비하고, 실패요인부터 제거하라는 의미다. 연말이 되면 신차 광고가 나온다. 차량가격이 오른 이유는 편의사양보다 안전장치 비용 때문이었다.

저성장 시대는 티끌 모아 티끌, 푼돈 모아 푼돈이다. 목돈을 만들려면 역발상이 필요하다. 세상에서 가장 불쌍한 사람은 누구인가? 저축만 하다 의사에게 번 돈 다 바치며 살려 달라는 자이다. 가장 비싼 침대는 무엇인가? 요양병원 침대다.

30세 청년의 노후준비

홀어머니(55세)와 함께 사는 나 준비(25세) 씨. 외국계 기업의 신입사원으로 연봉 4,000만 원이다. 퇴직연금 외에 별도로 개인연금을 준비하려 한다. 큰 걱정은 어머니의 건강이다. 외가 쪽 가족력이 '뇌혈관질환'이기 때문에 장기간병을 우려하고 있다. 사망 보험금으로 연금준비가 가능할까? 65세부터 연금 월 100만 원을 수령하려면 즉시연금(목돈 내고 연금수령) 기준 3억 원이 필요하다. 3억 원을 30년으로 나누면 월 83만 원이다. 여기에서 발생하는 이자를 빼면 월 납입액이 나온다.

결론적으로 아들은 [계약자·수익자=아들, 피보험자=어머니]로 하는 GI 종신보험 3억 원에 가입했다. 30년 후 [아들 65세=어머니 95세]가 되었을 때까지 어머니는 살아 계실까? 95세까지 언제 사망하더라도 3억 원의 보험금은 확정되었고, 중대한 질병에 걸리면, 50~80%까지 진단비가 선지급된다. 쌓이는 적립금으로 약관대출도 활용할 수 있고, 헬스케어서비스도 추가된다.

55세 부부의 연금설계

55세 동갑내기 부부, 10년 후 65세 시점에 연금 월 100만 원을 준비하려면, 즉시연금 기준 3억 원이 필요하다. 3억 원을 모으려면 월 250만 원씩 10년간 저축해야 하는데, 은퇴는 가까워져 오니 만만치 않다. 부부 각각 3억 원의 종신보험에 가입하면 간단하다.

부부 중 먼저 사망한 자의 사망보험금이 젊은 시절엔 가족의 적금이고, 노후에는 남은 배우자의 연금이 된다. 남편이 80세에 사망했다면, 배우자는 기대수명(90세)까지 10년간 월 250만 원의 생활비를 확보하게 된다. 물론 죽지 않고 오래 산다면 적립금을 인출해 사용하면 된다.

암(癌)보다 시급한 것

'100세 시대에도 사망보험금이 필요할까?' 죽은 자는 보험금이 필요 없지만 가족에게는 절실한 현금이고 평소와 다름없이 가장에게서 받은 생활비다. 현금에는 이름표가 없다. 주식 매매차익이든, 부동산 양도차익이든 상관이 없다.

그 돈으로 생활비로 쓰든, 병원비 정산이든, 대출상환이든 무슨 상관인가? 남자 100명 중 59명은 80세 이전에 죽는다.(통계청. 2022년) 남자는 60세 이후 매년 동창회에 20번 참석할 확률

(41%)이 절반이 안 된다는 것이다.

80세 이후 남은 생존자의 절반은 100세까지 인지기능장애 (52.5%) 상태에서 죽어간다. 여자는 반대다. 80세 이전에 22명만 사망하고, 나머지는 동창회에 매번 나올 수 있다.

암은 기대수명(83.5세)까지 3명 중 1명(36.9%), 남자(80.5세)는 5명 중 2명(39.0%)이고, 여자(86.5세)는 3명 중 1명(33.9%)이다. 사망확률이 암 확률보다 높은 것이다. 부자도 사망보험금이 절실해졌다. 자잘한 보험금을 다~모아도 억대의 상속세 한방이면 초토화된다. '죽음까지' 준비해야 하는 것이 아니라 '죽음부터' 준비해야 한다.

'재무 성인식'이란?

'어떻게 이대 나온 사람이 신용불량자가 되었을까?'라고 말하지 마라. 대학에서 돈 관리를 가르치던가. 오직 부모에게서 어깨 넘어 배운 것이 전부다. 자녀에게 '절약'만 가르치면 안 된다. 그다음 단계부터 알려 주어야 한다. 바로 가치소비와 불리고 지킬 방법이다.

나이 들면 결혼하는 것이 아니다. 통장이 어른이 돼야 한다. 훗날 자녀가 취직하면, 부모가 준비해온 통장들을 넘겨주며 공부시키는 것이다. 젊을 때 금융이해력이 있다면 은퇴계획을 세울 것이고, 은퇴계획을 실행한 사람이 2배의 부를 축적하게 된다. 우리나라 성인의 금융이해력은 66.5점에 불과하다.(금감원. 2022년) 그럼에도 다수가 자신의 이해력을 과대평가하고 있다.

재무설계는 돈의 '만모불지', 즉 돈을 만들고, 모으고 불리고 지키는 것이다. 이 과정을 돕는 핵심 재료가 국민연금과 보험이다. 이 두 통장만 제대로 이해해도 최고의 금융이해력을 갖출 수 있다.

첫째. 만 18세가 되면 국민연금 임의가입을 통해 ①강제저축의 필요성과 ②인생 시간의 흐름에 대한 조망을 가르칠 수 있다. 1회 보험료만 내고 가입한 후 다음 달 납입유예를 신청한다. 세월이 흘러 취업하게 되면 자동 재가입이다. 이후 밀린 보험료를 추납(추후 납입)하면서 매년 동료와 '연금 차이'를 체감하게 된다.

국민연금의 가치를 이해한 자녀는 군인 월급 혹은 용돈이라도 절약하여 계속 납입하기도 한다.

둘째. 태아보험을 시작으로 가입한 보험을 한 장에 정리한 내역과 함께 부모의 안목, 통찰, 돈 관리법도 전수된다. 보험은 지만모불! 먼저 지킨 후 '만모불' 하는 금융태도를 배우는 것이다. 그 결과, 자녀는 40세 이전에 노후준비의 밑그림과 보장설계를 끝내고, 이후 본격적인 노후준비에 몰입하면 된다.

세대 승계 기금

> "베이비붐 세대가 소임을 다하려면 가칭 '세대 승계 기금'을 만들어 후계 세대가 쓸 재원을 확보해주거나, 자녀에게 집을 넘겨주고 일부를 전세로 사는 '자가(自家) 전세' 같은 부의 이전 방법도 적극 고민해야 한다."
> _ 정영록. 서울대 국제대학원 교수

1980~95년생은 20년 전 같은 연령대보다 4.3배 많은 부채를 짊어지고 있다. 불황기에 사회생활을 시작해 소득이 적은 데다,

주택구입대출이 많아서이다.(한국은행) 대학교에 오래 머물면서, 사회 출발도, 저축 시점도 늦어지고, 사회에 발을 내딛기 전에 이미 빚의 덫에 빠진 이들, 부모가 먼저 돕고, 재무설계를 실행해 줘야 한다.

인생은 말년이 편해야 한다. 자녀에게 현금을 남겨 놓아야 당신을 돌보지 않겠나? 단테는 '신곡'에서 지옥의 마지막 코스인 '반역 지옥'은 가족을 배신한 자에게 차가운 얼음 속에서 신음하는 형벌을 받는 곳이다. 설령, 젊은 날 가장이 가족을 버렸더라도 죽을 때 단돈 몇천만 원이라도 있어야 장례도 치르고 자녀 얼굴이라도 볼 수 있지 않겠나? 이런 말을 들으면 그나마 성공이다.

"우리 아빠가, 나 생각해서 OOO을 남겨 주셨어."

20세 되기 전 해 둬야 할 일
태아보험 | 어른이보험 (~35세까지 가입)
종신보험 (만 15세) | 주택청약저축
국민연금 임의가입 (만 18세)

Coffee break

아버지의 마음

— 김 현 승

바쁜 사람들도
굳센 사람들도
바람과 같던 사람들도
집에 돌아오면 아버지가 된다.

어린것들을 위하여
난로에 불을 피우고
그네에 작은 못을 박는 아버지가 된다.

저녁 바람에 문을 닫고
낙엽을 줍는 아버지가 된다.

세상이 시끄러우면
줄에 앉은 참새의 마음으로
아버지는 어린것들의 앞날을 생각한다.

어린것들은 아버지의 나라다 —— 아버지의 동포다.

아버지의 눈에는 눈물이 보이지 않으나
아버지가 마시는 술에는 항상
보이지 않는 눈물이 절반이다.
아버지는 가장 외로운 사람이다.
아버지는 비록 영웅이 될 수도 있지만…….

폭탄을 만드는 사람도
감옥을 지키던 사람도
술 가게의 문을 닫는 사람도

집에 돌아오면 아버지가 된다.
아버지의 때는 항상 씻김을 받는다.
어린것들이 간직한 그 깨끗한 피로….

CHAPTER 02
인생 이야기

당신은 하나의 '위험'이다.

설국열차, 3등칸 탈출
무엇이 화폐신분을 결정하는가?

인생을 생각하다
인생의 여러 모습들

승강기에서 생긴 일

> 학급 회장이 칠판에 '떠든 아이 OOO'이라고 썼다. 내 이름이다. 마음은 조마 조마! 선생님이 오시면 혼날 텐데…. 20여 년이 지난 어느 날, 아파트 승강기에는 '관리비 미납 세대 1029호"라는 경고문이 붙었다. 급히 까만 색칠 후 돈을 빌려 납부했다. 2~3개월 후 다시 우편함에 독촉장이 쌓이고, 대문 앞에 스티커가 붙고 말았다. '단전 · 단수 경고'

하루 39명이 자살하는 대한민국, 주요 원인은 수도 · 전기요금도 못 내거나 카드 연체로 추심을 받을 때이다. 카드마저 연체되었다는 것은 더 이상 돈 구할 데가 없다는 의미일 것이다. 불행은 떼로 덤빈다. 일이 끊겼는데 물가는 오르고, 갑작스러운 사고에 암 진단까지…

안전망 없이 최소한의 인간 존엄마저 지킬 수 없고 죽음보다 못한 상황이라면 생을 포기하게 된다. 지옥 밑에 더 깊은 지옥이 있다. 그럼에도 불구하고 우리의 파티는 열려야 한다.

인생이란?

> 아침에 일하고 저녁에 쉬어야 하는 것, 저녁에 눈감고 아침에 눈 못 뜨면 죽는 것, 시간 · 돈 · 신체의 감옥에 사는 것이 인생이다. 인생의 성공이란, 가족의 지지와 존경을 받는 것이다. 노후에 충분한 연금이 있고, 아파도 돈 걱정 없으며, 언제 죽어도 빚을 남기지 않는다면 성공이다. (Die broke)

키에르케고르는 '우리들 각자는 선조로부터 유산을 받아, 아주 짧은 순간 보유하다가, 후손에게 물려주고 떠나는 것'이라고 말한다. 몸은 일회용이다. 100세 시대지만, 장기(臟器)의 유통 기한은 70~80세다. 신체 기능이 저하되면서 일부 장기 중 한두 개가 망가진 채 장애인으로 100세까지 살아야 한다.

남자가 35세가 넘으면 군대 징집도 없다. 45세 노안이 왔다면 뇌도 늙지 않았을까? 치매 환자의 20%가 40~60대다. 오픈 북 시험과 같은 인생, 어떤 문제가 나올지 모른다. 인생 문제의 99%는 돈 문제인데... 답은 각종 통장에 있다.

SNS 괴담이 있다. 한 대학교수가 서울대생을 대상으로 조사했다. 아버지에게 원하는 것은 돈(40%), 언제 돌아가시면 적절한가에는 '퇴직금을 남기는 63세'라고 답했다. 63세에 죽을 수 있다면 보험도, 연금도 필요 없을 텐데....

질량보존의 법칙

> 어떤 집에 한 아름다운 여인이 화려하게 치장하고 찾아왔다. "누구십니까?"라고 묻자. 여인은 "난 사람들을 부자로 만드는 부유와 축복의 천사입니다."라고 대답했다. 주인은 기뻐하여 맞아들였다. 바로 그 뒤를 이어 초라한 옷차림의 못생긴 여인이 들어왔다. 또 "누구십니까?"고 묻자, 그녀는 "가난과 불행의 천사입니다."라고 대답했다. 놀란 주인이 그녀를 내쫓으려 하니, 그녀는 "먼저 온 부유와 축복의 천사는 제 언니죠. 우리 자매는 한 번도 떨어져 본 일이 없기에 날 내쫓으면 언니 또한 사라집니다"라며 가 버렸다. 그 순간 부유와 축복의 천사도 사라져 버렸다.

음양오행학에서는 누구든 일생운이 지속되진 않는다고 한다. 그간 삶이 평탄했다면, 중년운, 말년운은 힘들어질 수 있다. 행복과 불행도 질량보존의 법칙이 적용된다. 각종 통계는 말한다. 신은 한 사람에게 모든 복을 몰아주지 않는다는 것과 내가 아니어도 이웃 중 누군가는 계속 사망하고, 암 진단받고, 입원하고 있다는 것을.

통계는 여론조사가 아니라 현실이다. 통계 앞에 겸손해야 한다. 눈의 홍채에도 나이테처럼 어릴 적 스트레스가 고스란히 기록된다. 젊어서 몸을 많이 썼다면 훈장처럼 척추협착증이나, 각종 후유증으로 벌어 놓은 돈을 병원비로 다 써야 할지도 모른다. 숙명(宿命)은 잠잘 숙(宿), 바뀔 수 없는 생로병사이고, 운명(運命)은 옮길 운(運), 얼마든 조작·변형(redesign)이 가능하다.

주목할 부고(訃告)

> 2022년 배우 강수연 씨와 국민MC 송해 선생의 부고가 전해졌다. 95세 사망 전까지 일한 송해 선생은 자연사지만, 강수연(55세) 씨의 사인은 급성 뇌출혈로 인한 심정지. 즉 뇌 속 시한폭탄인 뇌동맥류 파열로 지주막 밑 출혈이 발생했고, 혈액이 심장박동을 주관하는 뇌간(뇌줄기)을 눌렀다.

이처럼 50~60세 고비를 못 넘기고 죽는 경우가 많다. 50대 조기사망과 100세 장수위험이 공존하는 것이다. 사람은 늙어서 죽는다는 말은 거짓이다. 100세까지 건강하게 사는 것도 확률에 불과하다. 오래 산다면 만성질환은 피할 수 없고 담배를 안 피운 사람도 암에 걸린다. 혹자는 '가족력에 암 환자는 없어'라고 말할지 모르나 암세포 자체가 돌연변이 아닌가. 강수연 씨가 남긴 재산은 200억 대 건물 2 채다. 내가 죽는다면… 이런 생각을 해야 한다.

2002년 월드컵 영웅 28명은 무료로 모 회사 종신보험에 가입되었고, 2건의 사망보험금이 지급되었다. 핌 베어백 감독(당시 63세)은 2019년 11월 암 사망, 그로부터 2년 뒤 유상철 감독(50세)이 췌장암(2021년 6월)으로 세상을 떠났다. 다음은 누구일까?

돈 많은 미망인

결혼정보업체 대표는 80세 이후에는 남편이 없는 아내의 행복감이 더 크다고 말한다. 그래서 노후에 수입 없이 수발들어야 할 남편을 둔 아내에겐 위로금(?)을 주어야 하지 않을까? 주부 퇴직금이자 위로금이 바로 간병치매보험과 종신보험이다.

남편이 일찍 죽으면 가족 생계가, 오래 살면 간병·치매가 문제다. 저녁까지 멀쩡한 남편이 밤사이 뇌졸중으로 '영구 후유 장해'가 된 후 긴 고통의 터널이 끝나서야 사망한다는 시나리오! 생각하기도 끔찍하지만, 결론은 이래야 한다. 생계 문제로 재혼을 고민하지 않아도 되는 돈 많은 미망인!

쉼표 금융

공무원, 샐러리맨, 전문직, 자영업자 중 누가 암에 많이 걸릴까? 수입이 불안정한 이들이다. 가장 먼저 죽는 이는 보험에 잘못 가입했거나 보험금이 작아 치료에 전념하지 못하고 일터로 향하는 이들일 것이다. 생각은 자유(自由)지만 어떤 생각을 담느냐에 따라 존재가 달라진다. 무언가 걱정하고 있는 당신은 '걱정하는 존재'다. 걱정의 결과는 암(癌)이다. 누구인가? 엄마·여성·빚에 눌린 이들이다.

재테크 통장은 더 일하라고 채찍을 들고, 보험증서는 쉬라고 다독인다. 어차피 입원할 거면 고급스러운 호텔급 1~2인실 입원이면 어떤가. 입원특약 수준을 조금 높이면 상급병실에서 자신을 배려할 수 있는데. 고흐는 '산다는 것, 그 자체가 인생의 고통이다.'라 하고, 헬렌 켈러는 '세상은 고통으로 가득하지만, 그것을 극복하는 사람들로 가득하다.'고 한다. 당신의 보험증서가 이렇게 말하게 해야 한다.

"우리 인생이 슬픔 다음 위로가 되어야 하잖아요.
슬픔, 고통, 또 슬픔이면 안 되잖아요.
오늘 자고 내일 안 일어날 수 있으니
조금 더디 가고, 늦게 가더라도 안전해야 하잖아요.
피할 수 없다면 대비할 수 있잖아요.
그간 힘들었으니 입원 쉼표, 수술 쉼표, 장애 쉼표!
배우자를 잃었으니 일단 쉬자.
빚도 상속세도 다 처리했으니 쉬어라. 위로 쉼표!
쉼이 필요했구나. 친구야, 그렇지 않니?"

자녀에게 알려 줄 것들

부자는 적당한 비관주의자로서 최악의 시나리오를 대비한다. 고로 통제력을 놓치지 않는다. 반면, 가난한 자는 근자감(근거 없는 자신감)으로 아무 대책도 세우지 않아 아주 운명적이다. 고로 조금만 상황이 변해도 통제력을 상실하고 만다. 중요한 것은 공무원·군인·경찰·교직원이 직업자체가 연금인 것처럼, 안정적인 재무 시스템을 구축하는 것이다.

자녀에게 말하라. '지하 셋방에 살아도 빚이 없어야 한다. 상환능력이 안 되면 절대 돈 빌리면 안 된다. 빚지면 죽는다'고 가르쳐야 한다. 빚의 노예로 살지 않도록! 먼저 '가장의 5가지 부채'부터 통제해야 한다.

1. 전업주부에게 주는 생활비
2. 자녀 교육비
3. 대출받은 집
4. 병든 몸
5. 노후 준비 안 된 양가 부모

아빠가 노력을 안 해요.

> 학생   제가 꿈이 있는데요... 선생님.
> 스승   그래 네 꿈이 뭐냐?
> 학생   제 꿈은 재벌 2세거든요.
> 스승   그런데?
> 학생   아빠가 노력을 안 해요.

※ 2022년 취업 경쟁률 :
  현대모비스 220대 1, 현대카드 300대 1, 농협 5급 160대 1
  KT 150대 1, 삼성 25대 1, LG 100대 1

엄마는 잘 계시지?

놀이공원에서 아이는 자꾸 뒤를 돌아본다. 엄마를 찾을 수 있도록 '안전거리'를 확보하려는 것이다. 엄마가 곁에 있단 사실에 안도하며 호기심으로 탐구를 계속한다. 이때 엄마는 '안전 기지'다. 노인의 '안전 기지'는 각종 통장이다.

"친구야, 엄마는 잘 계시지?"

영화 '오징어 게임'의 룰은 승리가 아니다. '생존'이다. 마라톤은 '승자 독식'이 아닌 '완주자 독식'이다. 망(파산)하지 않으면 내일은 온다. 워런 버핏이 말한다. '원금 까먹지 마라.' 내 돈을 지킬 수 있어야 가족도 지킬 수 있다. 마라톤과 같은 인생에서 은행통장이 첫 테이프를 끊는다. 다음은 증권 계좌가, 마지막 결승 테이프는 보험통장이 끊는다.

왜, 내 통장엔 억(億)이 없을까?

부자는 가난한 자와 같은 대우를 원할까? 오히려 철저한 차별과 대우를 원한다. 남이 가난할수록 내 재산은 빛나니까. 반려견은 키워도 가난한 이들과 섞이지 않으려 한다. 과거의 양천교혼(良賤交婚), 즉 양반과 천민의 결혼과 같은 현대판 신데렐라 이야기는 판타지다.

목돈 1억 원은 100만 원씩 100개월(8년 4개월)간 모아야 한다. 연봉 1억이라도 4대 보험과 세금을 공제(19.3%)하면 월 673만 원이다. 생활비, 대출 원리금 등을 빼면 모으기가 만만치 않다. 다음은 직장인 '연봉실수령액'(맞벌이, 부양가족 2명, 6세 이하 자녀 1명 기준)이다. 4대 보험에서 약 9%(국민연금 4.5%, 건강보험 3.545%, 장기요양보험(건보료의 12.81%), 고용보험(0.9%)) 공제는 기본, 나머지는 소득세에 따라 월 실수령액이 달라진다.

연봉(만)	국민연금 (4.5%)	건강+요양 +고용	소득세 (지방세포함)	공제합계	공제율	실수령(월)
3,000만	108,000	117,570	15,980	241,550	9.7%	2,258,450
4,000만	145,490	158,390	55,680	359,560	10.8%	2,973,773
5,000만	182,990	199,210	145,790	527,990	12.7%	3,638,677
6,000만	220,500	240,050	267,740	728,290	14.6%	4,271,710
7,000만	248,850	280,867	384,090	913,807	15.7%	4,919,527
8,000만	248,850	321,690	566,420	1,136,960	17.1%	5,529,707
9,000만	248,850	362,530	761,570	1,372,950	18.3%	6,127,050
1억	248,850	403,340	952,070	1,604,260	19.3%	6,729,073

주홍 글씨

> 3년 전, 심한 피로로 우루사 30일 치를 처방받은 후 복용하지 않은 현우 씨, 보험 가입 2년 후, 자가면역 간질환으로 간이식 수술을 받게 됐다. 보험금을 청구하니, 알릴의무 위반으로 [실손보험금, 입원 수술비, 진단비] 지급이 모두 거절됐다.

'여기 들어오는 너희들은 모든 희망을 버려라.' 단테 '신곡' 중 지옥으로 들어가는 문 앞에 쓰인 글귀다. 지옥이란 희망이 사라진 공간이다. 단 한 번 신용불량 리스트에 등재되면 모든 금융회사 대출도 카드도 막힌다. 마찬가지로 보험 가입 시 단 1번의 고혈압·당뇨 진단이 주홍 글씨가 되어 보험 가입 및 보험금 지급 거절과 함께 그 결과가 모든 보험사 계약심사자에게 공유된다.

ICPS (Insurance claims pooling system)

보험금 지급정보를 공유하는 보험개발원의 보험사고 통합시스템이다. 소액의 실손보험금도, 거절정보도, 보험을 자주 해지해도 공유되어 향후 가입도 제한된다.

암호 해독

'통계'는 '드러난 위험'이고, 보험료 출생의 비밀이다.
'보험 가입자'란, 통계 앞에 겸손한 자.
'지정 청구대리인'이란, 스스로 보험금을 청구하지 못할 때가 있다.
'데이터 공유'란, 실손보험 청구기록을 전 보험사가 공유한다.
'발병'이란, 기존 생활방식을 시급히 전환하라는 의미.
'중대한 질병'이란, 후유장애가 남게 되니 조심하라.
'재발'이란, 회복기를 잘못 보냈다는 몸의 신호.
'질병보험'이란, 치료비 걱정하지 말고 바로 병원으로 가라.
'진단비'란, '진짜 단비'의 줄임 말로 재발 방지 비용이다.
'간병 대책'이란, 가족들의 연쇄 자살을 막을 대책.

내 시간을 보다

100세 시대란?

사람은 태어난 순간부터 '죽을 날 받아 놓은 것'이고, 온갖 위험에 노출된다. 자동차 100년 타기는 불가능하나 내 몸은 수리하며 100년을 살아야 한다. '기대수명 증가'란 노후 지출 기간, 그중 간병 기간이 추가됐다는 의미다. 그 기간에 생애 의료비의 90% 이상이 들어간다. 생활비는 기본! 초기엔 치료비, 나중에는 간병비까지 필요하다. 지갑에 마지막 10원까지 쓰고 죽는 것이다.

100세는 {부모와 30년. 자립해서 30년. 노후 40년}이다. 노후 기간이 40년이라면 여생(餘生)이 아니라 본생(本生)이다. 국민연금의 납입기간도 최장 47년 납입을 감안하면 40년 저축도 받아들여야 한다.

노후 수험생

자녀는 대입 수험생, 부모는 65세 노후 수험생이다. 노후란, 돌아올 수 없는 '영구 이민'을 떠나는 것이고, 영구 이민의 도착지가 사하라 사막 한가운데일지, 남태평양 휴양지 일지는 통장 잔고가 결정할 것이다. 출제 경향(통계)이 바뀌었고 시험 범위(기대수명)도 늘어났다. 가중치도 조정되어 '장기 간병'이라는 킬러 문항도 추가됐다. 퍼즐을 다시 맞춰야 하는 것이다. 장기 간병이란,

장기(長期)=아주 오랫동안,
간병(병구완)=가족 중 누군가 전담해야 하는 상황!

요양병원은 오로지 지출만 하는 곳이므로 누가 비용을 부담할 거냐 문제다. 내가 준비하지 않았다면, 자식에게 부담하라는 것 아닌가. 언제부터 준비해야 하는가? 30~40대부터 준비하지 않은 결과는 이렇다.

'가족 돌봄 청소년(11~18세) 18만~29만 명.(국회입법조사처)'

바람직한 현재

모임 회비를 항상 늦게 내는 친구에게 총무가 보낸 문자, '너만 안 냈어!' 알고 보니 나만 안 낸 것이다. 마찬가지로 지금 보험회사엔 엄청난 청약서가 쌓이고 친구들은 소리 없이 노후 준비를 마쳤다. 비과세 통장까지 준비했을 것이다. 지금은 카페에서 보험상담을 하지만, 조만간 손해사정사와의 상담으로 바뀌게 된다.

대망의 65세 연금개시를 앞둔 A 씨(여. 55세), 과거를 회상한다. 20년납으로 45세부터 가입한 보험을 여전히 납입 중! 이것이 바람직한 현재이다. 보험증서에는 [언젠가, 설계사를 만나, 검토 후, 매월 보험료 이체기록]이 다~들어 있어야 하고.

사회 초년생 & 예비부부

먼저 부모가 가입해 준 보험이 어떤 보험인지부터 파악한 후 무엇을 보강해야 할지 살펴야 한다. 결혼은 서로에 대한 책임이므로 향후 가정을 유지해 나가는 데 있어 위험 관리를 최우선으로 해야 한다. 당신이 비혼(非婚)이라면, 재무 목표는 오직 경제적 홀로서기다. 저축은 수입의 몇 %를 따지지 말고, 필수 지출을 뺀 나머지 전부를 다~저축한다는 각오가 필요하다. 스스로 보호해야 하므로 보험준비는 [진단비+간병비] 중심이어야 한다.

미스코리아도 40세가 넘으면 만날 대상이 10%씩 줄어들다가 50세가 되면 유통기한이 지나 상품가치가 거의 0 (제로)가 된다. 어릴 적 양말 속에 선물을 준 이는 산타클로스가 아니라 부모님이었고, 백설 공주의 일곱 난쟁이는 존재하지 않았다.

언제든 이혼과 사별의 위험 속에 있는 주부가 남편의 수입에만 의지하여 아무 조치를 하지 않는 것도 대단히 위험하다. 전업주부는 '퇴직금'이 없고 국민연금도 '납부예외' 대상이다. 남편이 동화 속 '백마 탄 왕자'가 아님을 탓하기보단, 부부가 협력하여 가족 통장과 보험증서를 '백마 탄 왕자'로 가꾸어 나가야 한다.

45세 이후, 꿈이 같아지다

2022년 중위연령은 45세(남 43.6세, 여 46.5세), 2030년이면 50세가 넘어간다. 50세란, 65세까지 15년 남았고 다시 5년이 지나 55세가 되면 10년 초읽기에 들어간다. 55세부터는 ①부모 간병과 ②자녀 결혼비용 때문에 (맞벌이가 아니면) 저축도 불가능하다. 그래서 이 저축가능기간 10년을 잘 활용해야 한다. 한 조사에서 4050세대의 3분의 2(73.7%)가 보험이 절실하다, 가장 큰 걱정은 노후 준비다, 라고 응답했다.

폭주 기관차처럼 과로한 결과, 30~60세 3분의 1 이 고혈압·당뇨 환자다. 10~20년 후 콜레스테롤이 혈관에 쌓이면서 6대 장기가 망가져 급성심근경색 진단과 신장 투석이 늘어나게 된다.

40대부터는 꿈이 '노후 준비'로 똑같아진다. 본격적으로 노후 준비에 돌입하는 시기이자, 자녀 보험의 밑그림도 그려 줘야 하기 때문이다. [부모 45세-자녀 15세]라면 '부모 사망시점= 자녀의 출발선'이므로 자녀 홀로서기까지 가장은 죽을 자격이 없다.

통계를 무시하지 말고, 자산·부채의 대차대조표를 따져 봐야 한다. 종신보험은 필수 아이템이다.

2030세대는 최초로 부모보다 가난한 세대로 저성장 시기를 거친 후에는 모아둔 자산 없이 노후와 맞닥뜨릴 위기에 처하게 된다. 나만 잘 살면 되는 것이 아니다. 상노인·부모·자녀까지 3세대가 동시에 연결된 경제 공동체이므로 각자 댐을 쌓고 연결해야 한다.

50대, 소득 절벽과 만나다

50세 이후 친구에게 1,000만 원만 꿔 달라면, 어떤 대접을 받게 될까? 그 나이 먹도록 무엇을 했느냐라는 핀잔과 함께 무시부터 당하게 된다. 친구에게 돈을 부탁할 정도라면 현금서비스도, 약관대출도 안 된다는 얘기다. 50대엔 내 몸도, 수입도 믿을 수 없다. 믿을 것은 통장 잔고뿐이다. 이 '깔딱 고개'를 넘기면 100세까지 롱런할 수 있는데… 역할도, 짐도, 신경 쓸 일도, 특히 돈 걱정이 많아 온몸이 아프다.

50대, 고생 끝에 암(癌)

진단 기술의 발달로 하루 700~800명씩 암 진단 '통고'는 일상이 되었다. 나 아니면 너, 너 아니면 그다. 앞서거니 뒷서거니 모두 암이다. 결과는 회사로, 병원으로, 건보 공단으로 통고되고, 동시에 표준치료가 시작된다. 의사가 묻는다. "보험 있어요?" 이때 당황하면 안 된다. 당당하게 말할 수 있어야 한다. "현대 의학으로 가능한 최선의 치료를 부탁합니다." 이렇게!

암 진단비의 크기는 암 진단 이후의 삶을 결정짓는 단서다. 나이 들수록 3대 질병(암, 심장질환. 뇌질환)에 많이 걸릴 거라는 생각은 착각이다. 통계는 50~64세에 집중되고 있다. 유방암학회에 따르면, 2011년 이후 유방암 확률은 폐경 후 51.3%, 중간 나이는 50세다. 절반이 0~1기(56.3%)다. 여자는 50세 이후에 암 경험자로 살 가능성이 절반이라는 것이다. 50세~65세 구간만이라도 저렴한 3~5년 갱신형 담보를 추가해서라도 최소 1.5억~3억 원으로 올려야 한다.

생명보험 가입자 통계 (보험개발원. 2011–2015)

구분	평균 진단	사망 시점
암	51.5세	60.4세
뇌출혈	50.9세	58.1세
급성심근경색	53.7세	64.0세

20년 조리사 사망

폐암의 원인은 1급 발암 물질인 '요리 매연'이었다. 햄버거 패티 1장만 구워도 덤프트럭이 250킬로 주행한 것과 같다. 여성 폐암환자의 90%는 비흡연자다. 누가 위험한가? 중장년층 주부, 급식노동자다. 이외에도 각종 직업병도 50대 퇴직과 더불어 발병한다.

연령(만)	병명	위험요인
56세(남)	림프조혈기계암	자동차 도장작업 – 벤젠에 노출
43세(남)	급성골수성백혈병	SW엔지니어 14년 – 전자파에 노출
58세(남)	다발성 골수종	변전실 관리 14년 – 자기장에 노출
61세(남)	식도암	산소절단작업 40년–석면 흡입, X선에 노출
63세(남)	급성심근경색	안료 배합작업 8년– 분진과 과로
65세(남)	확장성 심근병증	세탁업 – 14년 바이러스에 노출
52세(여)	혈액암	승무원 20년 – 북극항로 방사능 피폭

(2017–2018 안전보건공단)

암 생존율 70%

암 환자의 기대수명은 일반인보다 높다. 치열한 건강관리로 암으로 안 죽고 늙어서 죽는다. 문제는 5년 치료기간 동안 수입 공백으로 인한 연금 공백이다. 해결책은 암 진단비를 높이는 것이다. 암 진단비의 용도는 ①고액 치료비와 ②투병 기간 중 생활비다.

중입자 치료	방사선·양성자 치료횟수에 절반(12회)이다. 세브란스, 서울대병원(2027년)에 설치돼 있다.
양성자 치료	세기조절 방사선 비용과 비슷하다. 유방암, 전립선암, 직장암을 제외한 대부분 암에 급여 적용이다. 1주기(20일, 20회) 100~500만. 진찰료, 입원료는 별도. (삼성서울병원·국립암센터)
카티(Car-T) 치료	환자의 T세포를 편집·배양하여 재주입한다.(본인부담 최대 600만)
표적 치료	특정 암세포만 공격한다.
조혈모세포 이식	항암치료로 인해 파괴된 조혈모세포의 재생을 돕는다.
항암약물방사선	외부/내부 조사, 방사선 치료, 사이버 나이프=전신, 감마 나이프=고정
수술	근치, 진단, 예방(절제), 완화,재건 등 여러 번 수술이 필요하다.

꿈의 치료라고 불리는 중입자 치료비는 약 4~5천만 원이다. 통원 치료이므로 하루당 10~25만 원이 나오는 실손보험으로는 커버할 수 없고, 지방 거주자는 교통비와 숙박료까지 든다.

모을 거냐, 보험 할 거냐?

> 회사원 A 씨(55세)는 출근하려다 급성심근경색으로 쓰러져, 병원으로 이송되어 스텐트 삽입 후 퇴원했다. 보험금을 청구하니 진단비 2억 원과 남은 기간 납입면제 3천만 원(20만×150개월)을 받았다.

2억 진단비는 47세부터 8년간 매달 200만 원씩 모아야 할 크기다. 납입면제를 포함하면 실제 보험금은 2.3억 원 이상이다. 이렇게 되면 보험이 적금보다 낫다. 국회 청문회에서 김기춘 대통령 비서실장의 답변이 기막히다. "저도 심장에 스텐트가 8개나 박혀 있고..." 반복해서 지급될 담보가 필요하단 의미다. 10년 후 질병이 걸린다면 모아라. 언제 걸릴지 모르면 보험에 들어라.

납입면제 보험금

> 전문직에 종사하는 B 씨(51세), CI보험 1억에 가입(50% 선지급형. 20년납) 후 13개월쯤, 자다가 급성심근경색으로 병원으로 이송되어 스텐트 삽입 후 퇴원했다. 보험금을 청구하니 ①진단비 5천만 원, ②13회 이후 보험료 납입면제를 받았다. 총 납입보험료는 390만 원({30만×13회}, 납입면제된 보험료는 6,810만 원(30만×227개월)이다.

납입면제 보험금(7천만 원)이 진단비(5천만 원)보다 더 많다. 이후 보험료를 내지 않아도 보장은 지속되고, 적립금이 계속 불어나고 있다. 게다가 [한 번 더 보장하는 CI 특약]이 남아있다. 50대는 보험의 효용을 체감하는 시기로 '보험이 저축보다 낫다'는 간증자들이 늘어난다. 할렐루~야!

55세, 탄탄하게 보호할 시기

50대 모임에서는 다들 옆 사람의 무릎을 치며 말한다. "그게 뭐더라~!" USB를 'UBS'로, 하이브리드를 '하이리브드'로 바꿔 말한다. 인지기능장애 비율은 65세 3명 중 1명(31.5%), 85세에는 절반(52.5%)으로 높아진다. 유튜브 영상 재생속도도 70대 출연자는 1.25배 속, 80대는 1.5배 속이어야 속도가 맞는다. 노화로 인해 삶은 저속, 저효율, 저생산성으로 바뀐다. 돈 벌 능력도 떨어지는 것이다.

55세부터는 언제 죽을지 모르고, 돈 들어갈 일만 남는다. 보험이 없으면 살얼음판을 걷는 것과 같다. 동창 모임도 필요 없다. 어차피 부모 장례식장에서 매달 혹은 매주 만날 수도 있으니까. 80대 부모님의 요양병원비로 월 300만 원, 중증이면 월 500만 원을 부담하는 친구가 나온다. 물론 그 주인공이 당신일 수도 있고.

임금피크제로 직장생활 종료와 동시에 자녀가 청구서를 내민다. 결혼식 예약을 호텔로 했단다. 전세보증금도 2억 원이나 보태 달란다. 가입한 보험에서 약관대출을 신청했다. '아뿔싸~! 적립금이 없는 '순수형 보험'이었네'.

65세, 숨은 강도의 출현

65세 이후는 만성질환으로 몸에 월세(월 39만)를 낸다.(외래 연 14.7회. 2022) 상태에 따라 월세는 60~500만 원까지 올라간다. 숨은 강도(유전자와 질병)와 도적(사고)이 나타나 통장이 털릴 수 있다. 이때 '강도 만난 사람'을 돌보는 선한 사마리아인, 바로 내 보험증서다. 실손보험은 필수, 기존 보험도 잘 유지해야 한다. 3명 중 1명(31.5%)은 인지기능장애로 치매가 진행되는 중이다. 암 피하니 간병, 간병 넘어 치매다. 도둑피하다 강도 만나는 꼴이다.

75세, 위험 구간 진입

2022년 서울에 사는 65세 이상 3천 명은 노인 기준을 평균 72.6세라고 답했다. 보유 현금은 바닥나 주택연금을 고민하는 시기와 일치한다.(평균 72세 신청) 이때부터 매년 몸 상태가 달라져 노인임을 체감한다. 여행도 쉽지 않다. 무선 가전제품의 배터리가 어느 순간 멈추는 것처럼, 우리 몸은 신체기능이

Gradually(점차적으로) 저하되다가, Suddenly(갑자기) 간병에 들어갈 수 있다. 그러니 자녀에게 살던 집을 준다고 공수표 날리면 안 된다.

대부분 별도 수입 없이 근검절약을 외치며 아~주 쫀쫀해진다. 청첩장 함부로 보내지 마라. 욕할 수 있다. 친구 남편들의 부고도 이어진다. 이 시점에 2천만 원은 젊은 시절 2억 원과 같다. 작은 보장도, 단 1만 원 연금도 소중하다. 황혼 이혼과 재혼, 사업 승계·증여·상속 분쟁이 늘어난다. 최악의 시나리오는 부양 받아야 할 70대 자식이 90대 상(上)노인을 모시는 노노(老老) 부양! 재수 없으면 20~30년 간병 지옥이다.

구분	경험생명표	기대수명	건강수명	유병기간	최빈사망 (韓)	최빈사망 (日)
평균	86살	83.6살	73.1살	10.1년	(2015~2019)	
여	88.5살	86.6살	74.7살	12.9년	90살	92.4살
남	83.5살	80.6살	71.3살	9.3년	85.6살	87.66살

(통계청. 2021년)

※ 경험생명표 : 보험가입자의 통계 (보험개발원 산출)
※ 최빈사망연령 : 집중적으로 사망하는 나이

80세 이후, 가족 파산

80세부터는 노후 파산 방지가 1번 숙제다. 고혈압, 당뇨는 기본, 60세 이후 뼈·근육 소실로 척추협착증, 가벼운 낙상 사고에도 골절이 되면 2주 이상 입원해야 한다. 그사이 근육이 빠지면 와상환자로 지내다 사망하는 시나리오! 일부는 황반변성으로 후천성 맹인이 되는 경우도 나온다.

그간 돌덩이로 여겨지던 내 보험증서들이 황금으로 변하고, 모든 보험금은 '간병비'로 전용된다. 혹시 가입해 놓은 보험증서들이 80세 만기 아닐까? '금융 노숙자'가 되지 않으려면 80~100세 구간에 어떤 보험이 남아 있을지 체크해야 한다.

85세가 되면 절반(52.5%)이 인지기능장애이고 척추협착증으로 지팡이는 필수다. 자칫 넘어져 넓적다리관절(고관절) 골절이 되면 요양병원 行이고, 한 번 입원하면 귀가(歸家)할 수 없다. 입원기간이 길어져 통장잔고가 없다면 자녀는 부모가 살던 집을 줄이거나 매각하여 비용을 마련하게 된다. 이때 남아 있는 배우자는 어떻게 할 것인가? 배우자와 자녀가 돈 문제로 고민하지 않도록 미리 가입해 놓은 보험으로 처리하도록 준비하는 것이 간병보험이고, 지정대리인으로 수발을 든 자녀에겐 사망보험금으로 보상하는 것이다.

2013년 자살 노인의 편지는 이렇게 쓰여 있었다. "아들아, 미안하다. 이렇게 사는 것이 자존심이 허락하지 않는구나." 나의 보험증서가 사는 날까지 한 인간으로서 존엄을 지킬 수 있기를!

황금으로 변할 목록

연금보험(국민연금 포함) | 종신보험
100세 입원·수술비, 후유장해 진단비, 치매·간병보험

난, 죽을 준비가 되었나?

2020년부터 사망자 수가 출생자 수를 앞서게 되었고, 2025년에는 1,000만 명의 노인 인구를 넘어 초고령화 사회로 진입하게 됨에 따라 대한민국 전체가 거대한 요양병원과 장례식장으로 변

하고 있다. 우리나라도 일본과 비슷한 양상으로, 2030년부터 노인 인구 중 75세 이상자가 늘어나는 '중(重)고령화'가 시작되며, 2040년부터는 간병, 연명의료, 상속세 문제 등 '준비되지 않은 죽음'에 대한 문제뿐 아니라 상속으로 인해 계급과 신분이 변하게 될 '대(大)상속 시대'가 펼쳐질 것이다. 이러한 변화에 맞춰 새로운 삶의 방식과 준비를 모색해야 한다.

사전연명의료의향서

'99881234'란, 99세까지 팔팔하게 살다가 하루 이틀 앓다가 3일째 죽는 것이 희망이란 뜻이다. 그러나 오로지 살리는 데만 초점을 둔 의학의 부작용으로 인간 존엄을 유지하며 삶을 마무리하는 것이 쉽지 않은 현실이다.

요양병원에 있던 70대 후반의 노인이 갑자기 의식을 잃고, 기관에 관을 꼽은 채로 응급실로 실려 온 순간, 몸에 줄을 주렁주렁 다는 연명의료(심폐소생술, 혈액투석, 항암제 투여, 인공호흡기 착용)가 시작된다. 회복 불가능한 환자에 대해 끝까지 갖은 치료를 다하려는 의사와 폭탄 의료비 청구서에 기겁하는 환자가족의 모습은 모두 죽는다는 가정이 없었기 때문이다.

2008년 폐암 조직검사를 받다가 과다출혈로 식물인간이 된 김 할머니(당시 70세), 미리 연명의료 거부 의사를 가족에게 밝혀 두었기에 인공호흡기를 떼게 되었지만, 그 후에도 튜브로 영양을 제공받으면서 2년 뒤 사망했다. 의료사고는 누구에게나 일어날 수 있다.

김 할머니 사건 이후 최근 사전연명의료의향서 등록자가 189만 명이 넘었다.(2023년 7월) 사전연명의료의향서는 만 19세 이상부터 작성할 수 있어, 이는 종신보험 수익자, 지정대리인, 성년후견인 지정과 더불어 중요한 가족의 이벤트가 된다.

정답은 응급실 당직 의사가 회생 가능성이 없다고 판단하면 환자가 미리 작성해 놓은 '연명의료를 원하지 않는다'는 서류를 전산 확인 후 가족동의 하에 연명의료를 중단하는 것이다. 의식을 잃고 갑작스러운 중환자실 입원하게 될 사태에 대비해야 한다. 그 첫걸음이 '사전연명의료의향서'이다. 죽음은 노후보다 가까이에 있다.

재무 철학

피해야 할 시나리오(공감 체크)

- ▢ 재테크를 재무설계와 혼동한다.
- ▢ 은행·증권·보험의 차이를 모른다.
- ▢ 열심히만 하면 노후가 준비되겠지,라고 믿고 있다.
- ▢ 그런 부모를 보며 내 자녀의 삶도 별반 다르지 않다.
- ▢ 적자 가계부라 쓰기를 포기하고 있다.
- ▢ 단기 저축만 선호하다가 소액의 목돈만 모은다.
- ▢ 돈이 모이면 쓸 일이 생기거나 투자 제안이 들어와 날린다.
- ▢ 지인의 말만 듣고 투자한 부동산·주식들은 상한가에 물려 있다.
- ▢ 결국, 후회와 자책으로 시간을 허비하다 65세가 코앞이다.

은퇴자들이 가장 후회하는 3가지를 꼽으라면 재정관리, 일자리, 건강 순이었다.(미래에셋투자와은퇴연구소.2023) 핵심을 정리하면 5가지 정도다. 개인연금 준비 못 했던 것, 국민연금 더 받을 수 있게 신경 쓸 걸, 퇴직연금 찾아 쓰지 말 걸, 주식과 펀드 투자에 더 관심 가질 걸. 의료비 관련 보험 몇 개 들어 둘 걸 등이다. 아직 시간이 남았다면, 다음 항목에 체크해 보자.

- 연금 맞벌이는 준비하고 있는지?
- 퇴직금은 잘 모아두고 있는지?
- 별도 개인연금은 잘 불입하고 있는지?
- 소득 공백기를 대비하고 있는지? (돈, 일자리)
- 은퇴 후에도 대출이 남아 있는지?
- 나만의 비상금을 남겨두었는지?
- 자산투자, 관리 공부는 하고 있는지?
- 덜 쓰고 불편하게 사는 연습을 하고 있는지?
- 보장성보험의 보장내역을 확인해 놓았는지?
- 보험의 납입기간은 얼마나 남았는지?

은행과 보험의 차이

은행은 1년 친구, 주식은 변덕스러운 친구, 보험은 10년 이상 친구다. 은행은 단계적 축적이고, 보험은 축적된 현금이다. 은행은 일부의 목표만을, 보험은 생애 여러 가지 재정목표를 이룬다.

은행은 일부 쓸모를, 주식은 언젠가 쓸모를, 보험금은 명확하고 다양한 쓸모다. 빨리 가려면 혼자 가고(은행), 멀리 가려면 함께 가야 한다.(보험) 보험은 사고 가능성을 보험금 받을 가능성으로 바꾼다. 급하지 않으면 모으고, 급하면 모금(보험)하라. 저축은 나중에 잘 먹자는 것, 보험은 역경에 처해서도 잘 먹자는 것이다. 달러를 송금하려면 은행에, 편지를 보내려면 우체국에, 미래로 송금하려면 보험이다.

은행 직원이 말한다. "1년씩 모아서 노후 준비하세요~".
증권사 직원이 말한다. "주식 투자하려면 경제 공부부터 하세요~"
보험증서가 말한다. "소탐대실(小貪大失) 하면 안 됩니다."

어떤 직장을 선택해야 할까?

A 회사. 월급이 상대적으로 많음, 4대 보험 없음, 복리후생 없음.
B 회사. 월급이 상대적으로 적음, 4대 보험 있음, 복리후생 양호.

일과 삶의 균형(work-life balance)을 생각하면 B 회사가 정답이다. 자전거가 두 바퀴가 있어야 넘어지지 않고 달릴 수 있듯이 재무설계도 저축과 보장의 균형이 맞아야 한다. 자전거 앞바퀴는 연금, 뒷바퀴는 보장이다. 지금 힘들어도 노후를 생각하면 가슴이 뛰어야 한다. 보험을 생각하면 밤에 다리 쭉 뻗고 잘 수 있어야 한다. 당신의 보험은 7성급 호텔처럼 편안한가?

어떤 대답을 들을까?

역경에 처했을 때 '도움이 못 돼 죄송합니다. 대신 잘 이겨 내기만 응원하겠습니다.'라며 축의금 없는 축하, 부의금 없는 이따위 조문은 위로가 아니라 욕설보다 못하다. 1,000만 원을 쉽게 빌릴 수 있는가? 한국인 5명 중 1명(18.9%)은 곤란한 상황에서 도움을 청할 친구나 친지(가족)가 없다.(보건사회연구원. 2021) 또 10명 중 3명만이 사람을 믿는다고 한다.(세계 가치 조사. 2017~2022)

이런 상황에서 어떤 이유이든 지인에게 전화하면 어떤 대답을 듣게 될까?

"아내가 돈 관리해. 이달 들어갈 데가 많아서… 친구와는 돈 거래 안 해. 좀 더 일찍 전화하지. 나도 빚 잔치하고 있어."

친구는 생각한다.
'외국에서 이민 온 것도 아닌데, 흔한 암보험도 안 들어 놨을까?'

신용불량자의 생각

신용불량자 중 일부는 내일 신용카드 정지라고 해도 채권추심은 내일 벌어질 일이니, 오늘은 맘껏 즐기는 경향이 있다. 노후 준비를 안 해도 '예비 신불자'다. 전쟁에서 가장 위험한 무기는 발목지뢰다. 밟으면 무릎 이하만 소실되고, 살아 있으니 방치할 수도 없어 3명의 병력이 동원되어야 하기 때문이다. 가족도 연결 재무다. 한 사람의 파산은 가족 전체의 고통으로 전이된다. 운전 중 초행길이면 일단 속도를 줄여야 하듯, 금융환경이 급변하는 상황에서는 속도를 줄이고 가족 곳간부터 들여다봐야 한다.

각가도생(各家圖生)

각자도생(各自圖生)이 아니라 각가도생(各家圖生)이다. 1인 혼자로는 자활이 힘드니 가족이 뭉쳐야 한다. 흩어진 가족을 보험증권으로 하나로 묶고, 아버지의 보호를 생명보험 증서로, 어머니의 사랑을 손해보험 증서로 바꾸어야 한다. 톨스토이는 사람은 사랑으로 산다고 말한다. 사랑은 립 서비스가 아니다. 보험 들어 주고 수익자 지정해 주는 사랑이다. '아빠가 죽으면 수익자는 바로 너야!' 이러면 되는 거다.

예전 할머니들은 장판, 찬장, 벽장, 책장 속 곳곳에 5만 원 돈다발을 숨겨 두었다. 역경에 처했을 때 생각지 못한 돈다발은 단비를 만난 것이다. 욕창이 생겨도 돈이 나와야 하고, 뒤로 넘어지고 코가 깨져도, 돈이 쏟아져야 한다. 속담도 바꿔라. 시작이 보험이고 천리길도 암 보험부터다. 죽더라도 가족에게 돈을 던지고 죽어라. 아프면 자동으로 통장이 채워지는 시스템을 만들어라. 병든 몸이 화폐를 찍어내도록 하여 가족을 돈 걱정으로부터 해방해야 한다.

부부유별(夫婦有別)　부부가 각자 준비해라.
남녀유별(男女有別)　남녀가 각각 준비해라.
부자유친(父子有親)　아빠와 아들 함께 준비해라.

이 거대한 가족 연결 프로젝트를 끝냈다면 가족에게 말하는 거다. 우리 가족, 서로 '복' 많이 받자고, 현금 복이 진짜 복이라고, 진짜 사랑한다고!

셀프 적선

부모 세대는 보험 없이 살았지만 지금은 명확하게 보험금으로 사는 시대임을 알고 준비해야 한다. 담당설계사에게 미루지 말고, 스스로 공부하여 보험금 청구까지 할 수 있어야 한다. 통장관리자가 가족의 보험담당이다. 가입부터 보상까지 꿰뚫고 정리된 파일을 가지고 있어야 한다. 긴 수술 뒤 자녀가 깨어났다면, 누가 치료한 것인가? 면역력이 치료하고 돈은 의사가 번 것이다. 누가 의사를 움직였나? 내 보험증권이다. 그 보험증권을 누가 준비했나? 당신이다. 내 물건, 내가 사는 셀프 적선(self-donation)이다.

복싱에서는 주먹보다 맷집이다. 맷집이 없으면 겁부터 먹는다. 월드컵을 앞두고 체력 훈련만 했던 히딩크의 전략이 필요하다. 축구도 연장전까지 팔팔하게 뛰어다닐 체력이다. 수험생도 재수, 삼수, N수도 할 수 있는 체력이다. 보험료를 끝까지 낼 능력도 맷집이다, 납입면제, 유니버설 기능, 보험료 자동대출납입제도도 맷집이다. 가장 좋은 보험은 유지할 수 있는 보험이다.

'번뇌는 곧 보리'다.(반야심경) 번뇌는 108가지 고민을 말하고, 보리는 고민에 대한 해결책을 의미한다. 108번뇌가 있다면 108가지 해결책이 있어야 한다. 보험증권이 많아진 이유는 그만큼 해결할 위험이 많기 때문이다.

Coffee break

40대 욕망의 평준화

오직 가족의 행복과 노후 준비로 하나가 된다.

50대 지식의 평준화

박사나 중졸이나 아는 것이 똑같다.

60대 외모의 평준화

미스 코리아든 아줌마든 똑같다.

70대 성(性)의 평준화

남자나 여자나 똑같아진다.

80대 부(富)의 평준화

가진 자나 없는 자나 사는 것이 똑같다.

90대 생사(生死)의 평준화

무덤에 누우나, 침대에 누우나 똑같다.

〈전경일. '마흔으로 산다는 것' 중에서〉

Power thinking

1. 공녀(貢女)란 '인간 진상품'이란 의미. 나라가 대비하지 못하여 백성을 지키지 못한 결과였다.
2. 바보라도 돈은 벌 수 있지만 현명한 자만이 그것을 지킨다.
3. 지금도 돈에 벌벌 떠는데, 배우자가 암에 걸렸을 때, 과연 펑펑 쓸 수 있을까?
4. 경제 위기에도 나라는 안 망해요. 대책을 안 세운 당신이 망해요.
5. 젊은 날의 숙제는 단 하나, 경제적으로 홀로 서는 것. 당신은 자활 의지가 있는가?
6. 지금 가난은 부모 탓, 10년 후에도 가난하다면 당신 탓이다.
7. 통장 기록은 성실도를, 보험증서는 얼마나 주도면밀한 사람인가를 평가한다.
8. 노후 준비를 위해 2가지를 기억하자. ①계획을 세우고, ②매월 일정 금액을 저축하는 것!
9. 매달 송금하는 부모님 용돈, 하루라도 늦으면 전화가 온다. 왜? 손꼽아 기다렸으니까.

10. 대학 졸업장만 있는 30세와 졸업장과 1억 통장을 쥔 30세 중 어떤 경우가 좋은가?

11. 자녀를 선하게? 아니 악하지 않게! 행복한 인생? 아니 불행하지 않은 인생! 투자 이익 추구? 아니 손실 마지노선부터 확정하고.

12. 이제 보험의 적립금을 활용하여 여가와 여행을 즐기는 시대! 적(립)금, 적금, 적금…

13. 회전 초밥을 먹으러 갔다. 접시별로는 저렴했지만, 폭탄 청구서를 받았다. '아~C 그냥 정식 시킬걸.'

14. 친구야, 은행 잔고를 그냥 놔두지 말고, 이웃과 공유하면 안 될까? 보험으로 옮기면 역경에 처할 때 자신을 도울 수 있는데.

15. 허술한 문을 고치지 않는 것은 도둑을 초청하는 것이다. 기억하자. 성공할수록 지켜야 할 것들이 많아진다는 것을! 늙으면 심신위(심장, 신장, 위장) 고뇌당(고혈압, 뇌졸중, 당뇨).

CHAPTER 03
노후, 숙제에서 축제로!

아들에게 말했다.
"여긴 자본주의가 아니야. 화폐 신분제지.
함께 노력하자. 종살이가 아닌 경제 자유민이 되도록!"

아~ 이제 목적지가 보인다.
이곳에서 부부가 살아갈

65세 이후 30만 6,600시간.

가슴이 뛴다. 손안에는

입국심사 때 내밀 2개의 VISA,

연금통장, 보장통장!

시간 여행

어느 은퇴자의 일기

"62세 때 은퇴할 수 있었으나, 그땐 당장 일을 놓고 싶지 않았다. 기쁜 마음으로 바쁘게 일하고 있었기에 일을 놓았을 때 닥칠 공허가 두렵기도 했다. 그러나... 65세가 되자 피로가 누적되었다는 느낌이 확연해졌고 자연스럽게 은퇴하게 됐다. 사실 은퇴한 것이 아니라, 몸이 은퇴당한 것이다."

노후준비를 안 해도 '일해서 돈 벌면 되지'라는 생각은 위험하다. 60세가 넘으면 이력서도 거들떠보지 않는다. 몸과 머리가 말을 듣지 않게 되면 오직 국민연금 받을 날만 기다리게 된다. 당장 국민연금 콜 센터로 전화하여 65세까지 납입하였을 때, 국민연금 수령액부터 확인해야 한다.

3명의 대답

① "부모님이 대신 가입해 놓은 보험상품을 40대 이전에 납입을 완료했고, 40대부터는 본격적으로 연금과 의료비를 준비해 왔다." (Best of best)

② "그전부터 조금 여유가 생기면 보험에 하나둘 가입했기에 또래들보다 보험이 많다. 이런 습관 때문인지 걱정 없이 노후를 맞는다는 자신감이 있다." (Best)

③ "생활도 팍팍하나 아직 젊고 건강하니, 형편이 나아진 다음이나 나이 든 후 준비해도 되겠지,라는 생각을 해 온 것 같다." (The worst)

지금까지는 ② 번이 정답이었지만, 이제부터는 ① 번이 정답이다.

변화된 모습들

야쿠르트 아주머니 아닌… 야쿠르트 할머니

그 옆에 토스트 아주머니 아닌… 토스트 할머니

곁을 지나가는 야채 장수 아주머니 아닌…. 야채장수 할머니

신호등 지나다 퀵서비스 아저씨 아닌… 퀵 할아버지

건물에서 마주친 청소 아주머니 아닌... 청소 할머니, 경비 할아버지
예쁜 신데렐라, 백설 공주 아닌... 할머니 신데렐라, 왕할머니 백설 공주
백마 탄 왕자 아닌... 전동휠체어 탄 왕자, 늙은 피터 팬

남들은 생각한다. '젊은 시절 벌어 놓은 것이 있겠지'
의사는 생각한다. '보험은 잘 들어 놓았겠지?'

그때가 되면...

지금은 설계사를 만나 가입하지만,
그때는 가입된 보험증서를 놓고 손해사정사와 상담한다.
지금은 예금하러 가지만, 그때는 예금을 찾으러 간다.
지금은 학교 앞 원룸에 투자했지만,
그때는 병원 앞 원룸이 문전성시다.
지금은 간편식(인스턴트)을 먹지만, 그때는 건강식품을 찾는다.
지금은 3명 중 1명이 암이지만,
그때는 3분의 1이 간병환자와 가족이다.
지금은 '돈 버는 기계'지만, 그때는 돈 먹는 하마(몸)가 된다.

'밤 묵자'는 '약 한 사발 먹자'로,

산부인과는 정형외과로, 유치원은 노치원으로,

모텔은 요양병원으로, 구(舊)도심은 간병 주택단지로,

결혼중매업체는 재혼전문업체로, 예식장은 장례식장으로

장래 준비는 장례 준비로 바뀐다.

여기, 축제 현장(Silent disco)

> 오후 6시 홍대 앞 공원, 예약된 회원들이 모여든다. 주최자는 회원 확인 후 무선 헤드셋을 나눠 준다. 공원 한쪽 끝엔 DJ가 음악을 믹싱하고, 헤드셋을 낀 수많은 남녀는 음악에 맞춰 몸을 흔든다. 행인들은 갸우뚱거린다. 그들은 저들이 왜 그러는지, 헤드셋 속의 세상을 알 수 없기 때문이다. 이곳은 무선 헤드셋으로 둘로 나누어진 세계다. 공원 안에는 헤드셋을 쓴 자들이 벌이는 광란의 축제. 공원 밖은 무덤덤한 현실의 세계!

65세 현장은 한쪽은 폭죽, 다른 쪽은 절망. 지금은 함께 있으나, 그때가 되면 연금액으로 귀족과 천민으로 나뉜다. '국민연금 고갈' 뉴스를 믿고 납입을 유예했던 어리석음을 깊이 후회하며!

응답받는 기도

주님... 합격시켜 주소서.

주님... 사업 잘되도록 도우소서.

주님... 노후에 돈 떨어지지 않게 하소서.

주님... 우리 가족 아무 일 없게 도우소서.

'...'에 들어갈 말은 '했으니'

아껴 써!

요즘(노후)에 할망구가 이렇게 말하더군.

"좀 아껴~써! 나가서 무어라도 해!"

젊은 시절엔 그리도 다정다감하던 신부가

이젠 말을 막 하네. 그것도 반말로...

아내의 노후가 위험한 이유

아내는 남편보다 8년 더 살며 총 6명(친부모 2, 시부모 2, 남편, 자신)의 간병과 장례식을 치른다. 남편보다 오래 사니 3개 이상의 만성질환에 노출된다.(60.3%) 암에 이어 치매로 고생한다.(85세 38.6%) 만약, 남편이 죽었는데 사망보험금이 없거나, 연금보험의 피보험자가 오래 살 자신이 아니라 남편이라면... 당신은 여태까지 막~산 거다.

절미통

절미통(節米桶)은 쌀을 절약하는 통이다. 60~70년대 밥을 하며 쌀 한줌씩 덜어 통에 담았다가 보릿고개를 넘겼고, 자녀 학비에 보태기도 했다. 농협에서는 '농협 1조 저축'이라 쓴 절미통을 보급하며 저축 장려 운동을 펼쳤다는데...

역사는 반복된다. 다가올 보릿고개는 경제 위기이고, 노후 40년이다. 노후 빈곤율(40.4%. 2022년)이 OECD 최고인 나라에서 절미통은 보험 통장들이다. 우리의 통장을 이렇게 만들어야 한다.

연금 통장이 외친다. '오래 살 자격 있다.'
보험 통장도 외친다. '아플 자격 있다.'

문해력 테스트

스스로 돕는 자를 돕는다.	연금 가입자에게 비과세 혜택을 준다.
장수 리스크	단지 유병(간병) 기간만 늘어났어요~
종신 연금을 선택했다.	리스크를 회사로 전가했어요~
연금보험에 가입했다.	뷔페에 가려고 점심에 떡볶이를 포기했어요~
결혼하지 않겠다.	저는 혼자서 노후를 준비해야 해요~

설계 전략

숙제 안 한 아이의 최후

※ 노후 생활비 중 절약이 가능한 항목에 체크!
- 식료품·의류비
- 주택관리비·수리비
- 재산세(종부세)·소득세
- 용돈(모임 회비, 경조사, 손자 지원)
- 건보료· 몸에 내는 월세(월 의료비)
- 사적 보험(실손보험 등)
- 남은 대출원리금·교육비(캥거루족 생활비)
- 차량 유지비(유류대·보험료·차량 수리비)

위 항목 중 아낄 항목이 있을까? 노후 생활비는 젊을 때와 크게 차이 나지 않는다. 다만 사교육비와 저축액, 활동비, 보험료 정도만 줄어들 뿐, 물가는 계속 오르고, 경조사비가 추가된다. 생활비에 삶을 맞추면서 집 안에 갇히게 되고, 절약하는 것도 어느 정도다. 노후 생활비 목표는 최소 현 생활비의 70% 수준이어야 한다.

정액제 vs 정률제

매월 300만 원의 연금 목표는 최소 10%는 더 높여야 한다. 연금에도 소득세를 내야하고, 건강보험료, 실손보험료 등 고정지출이 있으며, 이 항목은 물가상승에 따라 계속 오르기 때문이다.

국민연금은 '정률제'로 납입보험료는 급여인상분과 물가상승률에 따라 달라지고, 연금수령액도 물가상승률을 반영한다. 반면, 개인연금은 '정액제'로 납입보험료와 연금수령액이 정해져 있다. 가령, 20년 후 65세 연금 100만 원은 물가상승 3%를 반영한다면, 월 180만 원으로 목표를 수정한 후 보험료를 다시 계산해야 한다.

매각 不可

직장인 평균 퇴직 연령은 50세, 50대부터는 자영업자가 될 가능성이 크다. 이때 부모 나이는 80세 전후다. 만약 아들이 사업한다고 도와 달라고 하면 매정하게 손절할 수 있을까? 어느 통장을 매각하게 될까?

주택연금	매각 不可
국민연금	매각 不可
종신연금	매각 不可
현금	매각 가능
부동산	매각 가능

머니 하우스란?

부모로부터 경기도 이천 소재 택지를 증여받은 A 씨, 노후에 살 집을 지어 막내 출가 후 이주하려 한다. 건축설계사에게 다음과 같이 주문한다. '1억 예산에 맞춰 설계해주세요." 이러면 농막 정도 지을 수 있을 것이다. 이것이 요즘 소비자들의 요구다. 증여받은 땅은 늘어난 '기대수명', 노후생활은 '영구 이주', 연금 준비는 '머니 하우스'이다. 기존 국민연금, 퇴직연금, 개인연금이라는

3층을 7층으로 올려야 한다.

7층 즉시연금 (목돈 예치)
6층 연금보험 (세제 비적격, 노후 전용차선)
5층 종신보험 (연금으로 전용)
4층 주택연금 (부부 간병비 전용)

3층 개인연금 (세제 적격)
2층 퇴직연금 (IRP, 자영업자=임대소득)
1층 국민연금 (최장 47년납)
0층 기초연금

B1층 실손보험 & 암 진단비
B2층 2대 질환(심장, 뇌) & 입원·수술비 보험
B3층 치매·간병보험

연금은 죽기 전 돈이 떨어지지 않기 위해서라도, 반드시 '종신연금형'이어야 한다. 65세 전까지 부분 연금(퇴직연금), 70세 이후 주택연금, 80세 이후 치매간병연금으로 구성하고, 배우자 사망으로 연금이 축소될 때를 대비하여 사망보험금을 배치한다.

과거로 돌아가고 싶지 않아요~

> 도시에 살고 있는 보틀리 부부. 이들에게 노년은 종착역이 아닌 황금기입니다. "든든한 연금 덕분입니다. 국민연금, 퇴직연금, 개인연금을 합해 매달 900만 원가량 받고 있어요. 젊은 시절로 돌아가고 싶지 않아요. 아무런 문제가 없기 때문이에요. 지금은 '해야 하는 것'이 아닌 '하고 싶은 걸' 할 수 있습니다." 스위스의 개인연금 가입률은 '80%' 이상입니다.
> – 〈SBS 노인 천국, 스위스의 비결〉 중에서

노인복지국 세계 1위 스위스에서는 개인연금, 퇴직연금, 국민연금이 서로 부족한 부분을 보완한다. 최근 퇴직한 30년 재직 공무원연금은 월 300~330만 원이다. 이들도 택배 알바를 한다. 노후준비 수준은 이래야 한다. 젊은 시절로 가고 싶지 않을 수준!

부부가~

1. 매년 고급진 건강진단을 받는다. 부부가~!
2. 돈 걱정 없이 병원에 간다. 부부가~!
3. 치매보험까지 준비한다. 부부가~ !
4. 매년 여행, 모임, 경조사를 맘놓고 간다. 부부가~!

5. 손자 이벤트에 각자 돈을 내놓는다. 부부가~!

아내가 말했다.

"친구 남편은 은퇴하면 월 250만 원이 나온다네요. 국가 유공자가 아닌데도." 당신은 공무원 친구를 부러워하면 안 된다. 오히려 부러움의 대상이 돼야 한다. 공무원은 국민연금 가입자(9%)의 2배(18%)의 보험료를 낸다. 이 격차를 매월 커버해야 한다. 손자 장학금을 주기 위한 '비밀 연금'을 묻으면 어떨까?

20대 연금준비는 부모가 시작해 주고, 30대는 통장관리를 맡은 아내가 주도해야 한다. 지금은 얼굴이 촌닭 같아도 연금통장이 예뻐야 한다. 현명한 아내가 말한다.

"당신은 현재를 열심히 사세요. 난 노후를 준비할 테니." 다음 중 어떤 아내가 현명한가? "나, 이대 나온 여자야", "나, 30대부터 연금 준비한 여자야."

자녀가 말했다. "도대체 보험도 안 들어 놓고 뭐 했어요? 친구 엄마는 노후준비를 참 잘해 놓았던데…" '엄친아'로 비교당했던 자녀가 부모에게 '아친엄'(아들 친구 엄마)이라며 반격을 가한다. 연금이 부족하면 자녀에게만 당하는 것이 아니다. 며느리와 사위, 그다음 손자까지다.

현명한 엄마가 말한다. "노후는 알아서 할 테니 네 인생만 신경 써. 부담 안 줄게" 이 말은 들은 자녀는 안심하며 씨익~웃는다. 자녀를 참여시켜야 한다. 부모 노후준비를 방해하지 않도록 도우라고. 연금이 풍부한 부모는 그 자체로 자녀에게 선물이고 결혼조건이 되며, 자녀 인생에서 5번째 부채(노후준비 안 한 양가 부모)를 해결하는 것이다.

남편이 없어도… 연금이 있으면 없어도 있는 것.(연금해로)
반대로 남편이 있어도… 연금이 없으면 있어도 없는 것.
해법은 간단하다. 남편을 연금으로 바꾸면 되지.

효심(孝心) 지갑

명절에 부모를 찾아오면 무조건 500만 원! 이래도 자식이 안 올까? 또 누구라도 간병하면 5억 원! 이러면 며느리 사위라도 손들지 않을까? 셰익스피어는 말한다. '아비가 누더기를 걸치면 자식은 모르는 척하지만, 아비가 돈주머니를 차고 있으면, 자식은 모두 효자가 되는 것이다."라고. 실직으로 상심한 50대 자녀를 간병인으로 채용하면 어떤가? 간병인 일당 15만 원이면 월 450만 원이고, 연속해서 15일 이상 간병하면 1일이 추가되어 월 480만 원이다. 그 돈을 요양보호사 자격을 취득한 자녀에게 주라. 효심(孝心)도 관리할 수 있다.

연금 천국, 불신 지옥

'교회를 위해 평생을 바쳤다. 집 한 칸 없이 살았고, 하나 마련했던 것도 교회를 건축할 때 내놓았다. 노후 걱정이 없는 것은 아니었으나 그런 걱정 자체가 불신앙이라고 생각했다. 평생 하나님이 지켜 준다고 설교했는데 내 노후를 걱정할 수는 없었고, 그게 믿음이라고 설교했다. 속내는 교회가 나를 돌볼 것이라고 생각했었다. 그러나 정작 은퇴가 다가오니 그들이 달라졌다. 은퇴가 눈앞에 다가왔는데 당장 들어가 살 집도 없다. 앞으로 30년은 더 살아야 하는데 먹고살 돈도 없다. 대접받고 살았는데, 가난으로 부끄럽지 않고 싶은데 자신이 없다. 이제 내 몫은 내가 챙겨야 한다는 생각이 든다. _ 〈아이굿 뉴스 2022. 11. 25〉

교회에서 돈 이야기는 금기시되고, '황금을 보기를 돌같이 하라'는 최영 장군이 여전히 살아 있다. 한국교회 절반 이상이 미자립 교회이고 60%가량이 100명 미만이며, 목회자 평균소득 월 176만 원으로 대다수(80%)가 면세점 이하의 사회적 약자다. 교회가 사업장 가입이 안 된 경우 목회자도 국민연금의 납부예외자가 되고 만다. 교단연금은 기대할 것이 못 되어 70대 은퇴 성직자의 삶은 피폐해진다.

미국에선 개척교회 목회자가 사망하면 남은 미망인과 고아의 생계가 문제가 되기에 설교 시간에 '종신보험에 가입하라'고 역설했다. 한국에서는 연금보험도 추가해야 한다. 영혼은 천국에, 몸은 지옥에 있다면 정신 분열이다. 이제 통장도 구원받아야 영육간의 강건할 수 있다. 통장을 전도하자. 외쳐라. 연금 천국, 불신 지옥! 보험 천국, 불신 지옥!

울 아빠, 실버타운 입주민이야~

한 직장에서 45세까지 근무할 확률은 20%대이고, 19~34세 10명 중 6명은 캥거루족이며(국무조정실. 2023), 자녀는 부모의 결혼비용 지원이 당연(69%)하다고 생각한다. 생각지 않던 결혼비용으로 '1차 파산'이다. 별도로 준비하든가, 자녀에게 지원할 수 없다고 단언하지 않으면 퇴직금과 노후통장이 다~ 털린다. 그 돈이면 식사·청소를 안 해도 되는 실버타운에 들어갈 수 있는데...

실버타운은 배우자 중 1명만 60세 이상이면, 부양을 책임지고 있는 19세 미만 자녀와 손자녀도 함께 거주할 수 있다. 부모님의 실버타운 입주는 가족의 자부심이기도 하다. '럭셔리 실버타운' 1위는 '더클래식500'이다. 55평 단일 평형, 지하철 2호선 이용, 건국대학교 병원과 연계된 의료시스템, 영어·일본어 회화, 미술 강좌, 댄스 프로그램도 운영하는 호텔급 시설이다. 재계약률 90% 이상으로 주변에 영화관, 백화점이 있고 직장으로 출퇴근하기도 한다.

실버타운의 장점은 ①식사 ②대학병원 연계 의료시스템 ③커뮤니티가 가능하다는 것이다. 부도·파산은 옛이야기이고, 전입신고 후 확정일자, 전세권 등기도 가능하다. 수도권 실버주택의 평균 대기 기간은 4년! 서울 지역은 보증금 4~6억 원, 부부 월 생활비 300~400만 원이다. 부부 각각 200만 원의 연금액이라면 가능하다. 자~ 내 연금이 어디에 해당하는지 살펴볼 시간이다.

구분	더시그넘 하우스	수원 유당마을	더클래식 500	VL라우어	삼성 노블카운티
보증금	5.8억(30평)	2.6억(30평)	9억(55평)	8.5억	6억(46평)
2인 생활비	345만(90식)	350만(90식)	700만(90식)	363만	500만(90식)
위치	서울 강남	수원	서울 광진구	부산 기장	경기 기흥

연금에도 세금이 있을까?

> **주요 포인트**
> 1. 2002년 이후 국민연금 납입분에 대한 연금수령액에 소득세가 원천징수 된다.
> 2. 개인연금은 연 1,200만 원 이내, 10년 이상 나눠 받으면 저율·분리과세이다.
> 3. 퇴직금은 개인 IRP계좌로 10년 이상 나눠 받으면 퇴직소득세 30~40%가 할인된다.

국민연금

2002년 이후 소득공제를 받은 보험료에 대한 연금 수령액은 소득세와 종합과세 대상이다. 과세기준금액에서 과세대상 연금액 소득공제(최대900만), 인적공제(부양가족공제, 경로우대공제 혹은 본인공제 150만), 표준세액공제(7만)를 빼면, 혼자 살고 있고 다른 소득이 없다면, 연금액이 연간 770만 원을 넘어야 세금이 발생한다. 다른 소득이 많아 누진세율이 높다면 수령 시기를 늦출 수도 있다. 만약 '임의가입'으로 소득공제를 받지 않았다면 연금 수령액도 비과세다.

퇴직연금

퇴직연금은 회사가 퇴직금을 금융회사에 맡겨 운용하도록 하는 제도이다. 3종류로 나뉜다. ①적립도 투자도 회사가 하는 확정급여(DB)형, ②적립은 회사, 투자는 가입자가 하는 확정기여(DC)형, ③적립과 투자 모두 가입자가 하는 개인퇴직연금계좌(IRP)

55세 이전에 받은 퇴직금은 개인형 IRP 계좌로 입고되므로 근로자라면 무조건 IRP계좌를 만들게 된다. 특별 사유를 제외하고 중도인출이 제한된다. IRP는 ①퇴직금 수령통장 ②추가로 개인부담금을 넣을 수 있다. 연금받기 전 세액공제, 연금을 받을 때 세제혜택이 있다.

퇴직금을 일시금으로 받으면 퇴직소득세와 세액공제를 받은 부분(원금+이자)에 대해 16.5%(기타소득세)를 내야 한다. 하지만 55세 이후 10년 이상 나눠 받으면 ①퇴직소득세의 30%를 할인, 남은 70%는 연금을 타면서 무이자로 나눠 낸다. 11년 이후에는 퇴직소득세 할인율이 40%로 늘어난다. 자영업자도 절세와 연금확보라는 두 마리 토끼를 잡기 위해, 연간 1,800만 원 한도(월 150만)로 불입할 수 있고, 세제 적격형 연금저축과 합산하여 연간 900만 원까지 개인연금 세액공제를 받을 수 있다.

(세제 적격) 개인연금

적립 시에는 세액공제, 연금수령 시에는 연금소득세를 낸다. 최소 납입기간 5년, 55세 이상 연금 수령 조건이다. 수령액이 연 1,200만 원을 초과하면 종합소득 신고대상이다. 연 1,200만 원 초과로 종합과세가 되어도 다른 소득이 없거나 적으면 연금소득세율보다 낮을 수도 있다.

(세제 비적격) 연금보험

'세제 비적격'이라 말은 세제 혜택을 받은 것이 없으니 소득세도 없는 '면세 연금'이란 뜻이다. 우선 55세 이후부터 종신형 연금형을 선택하면 무한 비과세다. 그러나 종신형 연금이 아닌 연금 수령이나, 중도인출, 중도해지 환급금이 비과세가 되려면, 첫째. 일시납은 10년 이상 유지, 납입금액 1억 원 이하, 둘째. 월납은 5년 이상 납입, 10년 이상 유지, 월보험료 150만 원 이하까지 가능하다. 10년 비과세 시점 이후라면 언제든 중도해지 시점이 곧 '자유 만기'가 된다. 장점은 ①종신지급형, 확정지급형, 상속지급형 중 선택이 가능하고 ②계약자, 피보험자, 수익자 지정으로 증여·상속플랜이 자유로우며 ③만 45세부터 연금개시가 가능하고 ④추가납입, 중도인출, 약관대출로 유동성을 확보하며 ⑤각종 특약부가로 간병(LTC특약), 후유장해, 3대 진단비 등 보장을 추가할 수 있다.

구분	(세제 적격) 연금저축보험	(세제 비적격) 연금보험
대상	직장인·자영업자	연금저축가입자·주부
세제혜택	매년 세액공제	연금수령 시, 15.4% 비과세 종합과세 및 건보료 제외
연금개시	만 55세부터	만 45세부터
납입금액	최대 월 150만 (연 1800만)	제한 없음

직장인, 자영업자의 노후준비(실전)

연소득 6천만 원을 신고한 자영업자 B 씨, 월 100만 원씩(연 1,200만) 연금저축보험에 가입하려 한다. B 씨는 연소득 5,500만 원 초과로 13.2%의 세액공제율을 적용한다. 세제적격 연금저축보험의 세액공제 한도는 600만 원, IRP를 포함 총 900만 원까지다. 개인형 IRP에 300만 원(월 25만)을 넣으면, 총 118만 8,000원을 매년 돌려받는다. 연금저축통장이 없다면 IRP만으로 900만 원을 채울 수도 있다.

종합소득 (근로소득만)	연금계좌 세액공제 (연금저축만 가입)	세액 공제율	절약한 돈
4500만 이하 (5500만 이하)	900만 (600만)	16.5%	148.5만 (99만)
4500만 초과 (5500만 초과)		13.2%	118.8만 (79.2만)

세제적격 연금은 ①납입할 땐 세액공제, 연금소득세는 원천징수를 하지 않고 연금수령 시점으로 이연시켜 '세전 수익' 그대로 불릴 수 있다. ②55세 이후 연금수령 기간은 '10년 이상'으

로, 인출액이 연 1,200만 원 이내면 5.5%~3.3% 이율로 분리과세, 1,200만 원 초과 인출 시에는 종합과세(6~45%)와 분리과세(16.5%) 중 선택할 수 있다. 결론적으로 과세표준 5천만 원 이하까지는 종합과세가 유리, 5천만 원 이상부터는 분리과세가 유리하고, 10년 이상 나눠 받기 위해서라도 55세부터 무조건 수령해서 10년을 넘기는 것이 좋다.

연금소득 원천징수세율(지방소득세 포함)

나이	55세~69세	70세~79세	80세 이상	종신연금형
세율	5.5%	4.4%	3.3%	4.4%

모든 저축과 재테크의 최종수익률은 국세청이 결정하므로 절세상품에 관심을 가져야 한다. 세금이 절약된 만큼, 사적연금(연금저축, IRP)으로 최대한 연금액을 불려 월 100만 원의 연금을 추가해야 한다. 최근 정부는 연 1,200만 원 한도와 주택연금의 연금액도 올리겠다고 발표했다.(2023.7.4) 한도가 올라가면 그만큼 추가하는 것이 좋다. 여기에 비적격 연금보험, 국민연금의 유족연금, 장애연금도 면세다.

소득세율 (2023.1.1 개정)

과세표준	세율(지방소득세 포함)	누진공제액
1,400만 이하	6% (6.6%)	
5,000만 이하	15% (16.5%)	126만
8,800만 이하	24% (26.4%)	576만
1.5억 이하	36% (38.5%)	1,544만
3억 이하	38% (41.8%)	1,994만
5억 이하	40% (44%)	2,594만
10억 이하	42% (46.2%)	3,594만
10억 초과	45% (49.5%)	6,594만

연령별 연금구성

　55세 퇴직연금을 시작으로 과녁(연금개시연령)에 명중시켜야 한다. 주택연금은 비상시 쓰는 히든카드, 국민연금은 부부 합산 250~300만 원, 연금보험의 연금개시를 70세로 설정하여 총 월 500만 원을 목표하고, 갑작스러운 사망 시엔 사망보험금으로 커버한다. 단, 퇴직연금을 자녀 결혼비용으로 전용하지 않는 조건이다.

This is my plan

퇴직연금	국민연금(남)	국민연금(여)	개인연금	(주택연금)	간병연금	계
월 100만	월 150만	월 100만	월 100만	100만	50만	500만
55세	65세	65세	70세	75세	85세	

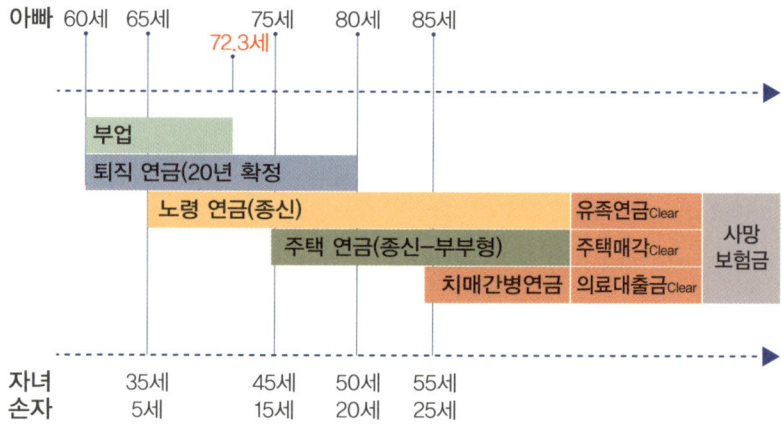

건강보험료가 무서워요~

건강보험료 산정 시 직장가입자는 '소득'에만 부과하고, 그나마 회사와 절반씩 부담하지만, 지역가입자는 {소득, 재산, 자동차} 등에 부과하고, 100% 본인이 부담한다. 퇴직하면 다~지역가입자로 만나게 된다. 문제는 2가지다. 첫째. 소득기준이 강화되었다. 종합소득은 {이자, 배당, 근로, 사업, 연금, 기타}소득으로 나뉜다. 금융소득은 이자 배당소득만을 말하고, 비과세 및 분리과세 소득은 제외다.

구분	종합과세	건보료
국민연금	대상	50% 반영
사적연금(연금저축·IRP)	연 1,200만 원 초과 시	미 부과
임대·금융소득 2천만 원 이하	미 부과	부과
비적격 연금보험	미 부과	미 부과
주택연금	해당 없음	해당 없음

금융소득 연 1천만 원 초과 시 부과된다.(연 336만 원 초과로 2025년 11월 변경 예정) 사업소득 중 주택임대소득은 필요경비와 기본공제를 뺀 금액이 {임대등록 시 1천만 원, 미등록 시 400만 원} 이상이면 부과된다. 연금소득은 공적연금의 50%를 반영하고, 사적연금은 미 부과다. 자동차는 9년 이상 차량과 출고가 4천만 원 미만은 제외다.

둘째. 피부양자 기준이 강화되었다. 소득, 재산 두 요건 중

하나라도 충족되지 않으면 피부양자 자격을 상실한다. 두 가지 CASE로 공부해 보자.

소득요건	① 연 2,000만 원 초과 ② 사업소득이 없을 것. (사업자 미등록 시 연 500만 원 초과)
재산	① 과표 9억 원 초과 ② 과표 5.4억 원 초과(공시가격 9억 원 이하) 　+ 연 소득 1,000만 원 초과

Case1. 남편의 공적연금 수령액이 연 2,000만 원(월 167만)이 넘으면, 배우자의 소득이 0 원이라도 피부양자 자격이 박탈된다.

Case2. 남편의 국민연금 수령역이 연 1,200만 원, 연 이자소득이 990만 원이라면 금융소득이 1천만 원 이하이므로 건보공단에 금융소득 자료가 넘어가지 않아 피부양자 자격이 유지된다. 하지만 금융소득 기준이 연 336만 원으로 바뀌면 990만 원 전체가 다른 소득과 합산되어 연 2,000만 원 초과로 자격을 상실하게 된다.

건보료 절약을 위한 3가지 꿀 팁

첫째. 임의계속가입 신청이다. 직장 퇴직 후 첫 번째 발송된 고지서 납부시한으로부터 두 달 이내에 임의계속가입 신청을 하면 3년간 직장가입자 지위를 유지하여 절반 그대로 낼 수 있다. 또한, 3년 후에는 풀타임이 아니어도 1년(12개월) 이상 재취업했을 경우에 다시 신청을 할 수 있다. 재취업 직장은 소득이 낮을 가능성이 크므로 낮은 월급을 기준으로 건보료가 책정이 되고, 건보료를 다시 3년 동안 절감할 수 있다.

둘째. 3개월 이상 해외 체류 시 납입 중지가 가능하다. 매달 1일 기준으로 해외체류 여부에 따라서 건보료 부과 여부를 결정한다. 그달 1일 이후 귀국을 하고도 당월에 보험급여 혜택을 안 받았다면 건보료는 나오지 않는다. 실제로 주변에 고액 자산가는 건보료와 실손보험료를 잠시 중단시킨 후 동남아에서 겨울철 3~4개월을 보내는 경우가 많다.

셋째. 비과세소득 비중 늘리기다. 건강보험법에는 퇴직소득을 연금으로 수령하면 연금소득으로 분류돼 건보료 부과가 원칙이나, 사적연금 활성화를 위해 부과하지 않고 있다.

국민연금 재테크

국민연금 파도타기

> 노후준비의 핵심은 '연금'이고 연금은 장기 저축이다. 장기 저축은 단기 저축, 중기 저축이라는 동생을 아우르는 맏형(兄)이다. 맏형은 국민연금, 둘째 퇴직연금, 셋째 개인연금, 형편이 어려운 동생이 기초연금, 사업도 실패하고, 매일 끼니 걱정으로 부모(정부)가 돌보는 막내가 '기초수급생활비'이다.

2023년 1월부터 '국민연금 5.1% 인상', 보험료 인상이 아니라 '연금액 인상' 소식이다. 월 100만 원 연금액이 1,051,000원으로 늘어난 것이다. 수급자는 어떤 노력을 했을까? 아무 노력도 필요 없다. 국민연금공단이 알아서 올려준다. 일반 연금은 물가가 2배로 뛰면 연금은 반으로 강제 삭감이지만, 국민연금은 물가상승이라는 파도를 즐기는 놈이다. 국민연금 수급자는 약 622만 명, 노령연금 523만 명, 장애연금 7만 명, 유족연금 92만 명(2022.10

월)이고 곧 1,000만 명 수급시대가 열리는데 당신은 어떻게 관리하고 있는가?

　그동안 '국민 용돈'이라 불렸던 이유는 가입기간이 짧았기 때문이다. 근로자는 1988년(자영업자 2000년)부터 가입했기에 2021년부터는 최초가입자는 35년 이상 가입하게 되어 부부 합산 300만 원 이상 수령자가 속출하고, 부부 합산 최고 수령액은 월 469만 560원으로, 남편은 307개월, 아내는 323개월까지 납부해, 남편 월 229만 4,710원, 아내 월 239만 5,850원을 받고 있다.(2023년 3월) 연기연금을 포함하면 곧이어 40년 납입도 나올 것이다. 50세 이상이 생각하는 '노후 적정 생활비'는 월 277만(개인 177만), 최저 월 199만(개인 124만)이었다.(국민연금연구원. 2021) 1년당 5%씩 증액이니 10년을 더 내면 50%를 더 수령하게 된다.

　수익비율도 훌륭하다. 가령, 70세 노인이 주택연금으로 월 60만 원(35등급)을 수령하려면 2억 주택이 필요하다. 같은 금액을 국민연금(20년 가입)으로 받으려면 월 28만 원(총 6,696만원)이면 가능하다. 차액은 1억 3,004만 원으로 국민연금의 수익률을 따라잡을 재테크가 없다. 게다가 절반을 회사가 부담해주는 직장 가입자라면 대박이다. 국민연금이라 쓰고, 축복 혹은 미친 수익률이라 읽어야 한다. 당신이 열심히 사는 것보다 연금통장이 열심히 살게 해야 한다.

자녀에게 줄 최고의 선물

국민연금은 만 18세부터 60세까지 납입하는 것이 기본이지만, 60~65세 5년간 '임의계속가입'으로 추가로 불입하면 1년당 연금액의 5%가 증가하므로 총 25%를 증액할 수 있다. 여기에 65세 이후 수입이 있으면 감액되므로, 최대 5년간 연기연금을 신청하면 최대 36%(年 7.2%×5년)를 추가할 수 있어 총 61%를 증액할 수 있다.

자녀를 만 18세부터 가입시키면 65세까지 총 47년의 가입기간을 확보해 줄 수 있다. 연금 개시 시점이 68~70세로 늘어날 경우, 일찍 가입한 만큼 조기연금을 신청할 수도 있다. 일단 1회 보험료만 납입한 후 다음 달에 바로 납입유예를 신청한다. 이후

소득이 생기면 강제로 재가입하게 되고, 납입유예기간 10년(119개월)까지 추납이 가능하다. 추납은 ①부모 지원, ②종신보험의 중도인출을 이용하면 된다. 만 18세에 단 1회 보험료 납입만으로도 연금액 차이가 크게 벌어진다는 기사를 보자.

"고3 생일되면 국민연금 넣고 보자"…강남 부자들의 재테크

한 달 치 더 내고 안 내고는 상당한 차이가 있다. 월 평균소득 100만 원 기준으로 매월 18만 원 차이, 소득 300만 원 기준으로는 28만 원 정도 차이가 난다. 지자체에서 9만 원을 대신 내주면 매년 연금액이 200~300만 원이나 커진다는 말이다.

매월 9만 원씩을 30년간 내면 월 53만 7150원, 27만 원을 10년 동안 내면 월 28만 6,680원으로 거의 절반으로 줄어든다. 작은 금액이라도 오래 가입하는 게 더 유리한 것이다.(매일경제. 2021.5.15)

장애연금, 또 하나의 보험

국민연금은 65세 이후에만 타는 것은 아니다. 65세 이전에도 연금 수령이 가능하다. 바로 장애연금과 유족연금이다. 2023년 100세 이상 수급자는 147명, 이중 여성이 77.8%(117명)다. 노령연금 최고령은 93세, 장애연금은 91세, 유족연금은 108세로 대부분 여성이었다. 유족연금 수급자인 할머니는 가입자였던 자녀사망으로 1994년부터 30년 이상 받고 있었다.

유족연금은 기본연금액의 40~60% 수준으로 지급되고 상황에 따라 조건이 변하지만, 장애연금은 가입자가 단 1개월을 가입하다 장애를 입었더라도 20년을 꾸준히 가입했을 때 받는 노령연금액의 100%(장애1급)~60%(장애3급)을 받아 건강보험에 없는 '상실 수입'을 일부 보완할 수 있다. 가입기간이 25년이 된 50대가 기본연금액이 100만 원이면 장애 1급 판정 시 100만 원 그대로 받게 된다.(수급조건은 가입기간 10년 이상 혹은 직전 5년 전 보험료 낸 기간이 3년 이상이 되거나, 가입 대상 기간의 3분의 1 이상 가입했어야 한다.)

IMF 시기 이전에 판매된 '확정형 연금보험'도 물가 상승을 반영하지 못하는 부분만 제외하면 국민연금과 판박이다. 확정연금이면서도 장애연금과 유족연금으로 변형된다. 최근 단기납 종신보험에 추납(추가납입)하면 동일한 구조로 만들 수 있다.

세기의 결혼

최고의 결혼은 다른 연금공단 가입자간 '통장 결혼'이다. 부부 공무원·교원·군인일 경우, 배우자 한 사람이 사망하면 유족연금은 절반으로 줄어들고, 부부 국민연금 가입자는 본인 연금과 유족연금 중 적은 금액은 포기해야 한다. 하지만 공단이 다르면 감액규정이 사라진다.

만 18세부터 국민연금에 가입한 청춘간 결혼은 대박, 공단이 다른 결혼은 초대박이다. 국민연금은 65세 이상 절반이 수령하므로 노인 1,000만 명이면 500만 명이 수령하게 되고, 돌싱·사별·이혼한 1인 가구라면 연금 수급자간 재혼도 활발할 것이다.

가입기간별 수령액

구분	30년 가입	20년 가입	10년 가입	평균
1인	142만	104만	56만	94만
부부	284만	208만	112만	188만

공무원연금 개혁(2016년) 이후부터는 국민연금 수익률이 더 좋지만, 국민연금 불입액(9%)은 OECD 평균(18%)과 공무원연금과 사학연금(18%)의 절반에 불과하므로, 추가로 9%만큼 사적연금을 추가해야 균형이 맞는다. 직장인은 매년 급여의 8.3%를 적립하는 퇴직연금이 대안이지만, 문제는 대부분 주택 구입이나 전세금 용도로 중간 정산하거나, 수급자의 96%가 일시금으로 수령한다는 것이다. 퇴직연금 중도 인출은 무주택 가입자의 주택 구입, 전세 계약, 가입자 또는 부양가족의 6개월 요양비, 개인파산·회생, 재난 피해 등에 한해 가능하다.

3가지 고민

국민연금 고갈

국민연금이 고갈된다는 것은 정부 입장이니, 고갈에 대한 걱정은 당국자에게 맡기고, 국민연금은 기금이 고갈될 정도로 훌륭한 연금이란 것이 당신의 입장이어야 한다. 2016년 공무원연금 개혁에도 불구하고 이미 받고 있는 은퇴자의 연금은 전혀 삭감되지 않았다.

군인연금은 이미 1973년에, 공무원연금은 2002년 고갈되었지만, 여전히 지급되고 있다. 연금액 조정은 개혁 시점 이후 납입분부터 시작되기 때문이다. 국민연금도 마찬가지다. 설령 삭감된다 해도 여전히 최고의 재테크일 것이다. 다수가 '연금 고갈' 기사에 동조하는 와중에도 가까운 국민연금 지사는 상담 열기로 뜨겁다.

사학연금은 2049년 고갈, 국민연금 2056년 고갈을 예측하고 있지만 이는 국민연금연구원 자체 전망이다. 캐나다, 일본에서는 외부기관 또는 전문가의 검토절차를 거친다. 예측치를 벗어나 오히려 기금과 수익이 증가한 경우도 있고, 국민연금 기금 중 적립금보다 운용수익금(53%)이 많다. 수익률을 1%만 올려도 9조 원 이상이다.

주요 식량창고

국민연금	KB국민은행	생명보험	손해보험	보험 총자산
931.1조	약 500조	약 938조	약 371조	약 1,310조

(금융감독원 파인, 2022년)

중복 급여의 조성

부부 가입자 중 한 명 사망 시 한쪽 연금은 포기해야 하기에 임의가입을 주저하는 이들이 있다. 가장 안타까운 상황은 65세 연금개시 전후에 사망하는 것이다. 하지만, 65세를 넘기면 대개 기대수명까지 살 수 있어, 연금수령 후 원금에 도달하는 기간인 '상계 월수' (10년 내외) 이상 생존한다고 봐야 한다.

조기연금 VS 연기연금

노후준비도 남보다 단 하루라도 빨라야 한다. 국민연금 개시연령이 68세로 연장되는 것도 걱정하지 마라. 연장된 만큼 일찍 가입하면 되니까. 조기연금은 1년당 6%를 기본연금액에서 차감하고, 연기연금은 1년당 7.2%를 증액한다. 이 격차(7.2+6%=13.2%%)는 A값 때문에 더 벌어진다. A값은 물가상승률에다 국민연금 전체 가입자의 3년 평균소득까지 반영하기 때문이다.

연금 수급 전까지는 A값으로 기본연금액이 매년 확정되고, 수급개시 후에는 이미 확정된 기본연금액에 물가상승률만 반영하여 올려준다. 2023년 A값 상승률은 6.7%로 물가상승률 5.1%보다 높았다. 보험료를 오래 불입할수록 유리한 것이다. 그럼에도 은퇴 후 소득이 없거나 건강이 좋지 않으면 조기연금이라도 신청하는 것이 좋다.

또한 건보료 피부양자 자격박탈 조건인 연 2천만 원(월 167만)을 넘지 않기 위해서 2~3년 조기연금을 선택하여 기본연금액을 줄일 수 있다. 정상 수급과 조기 수급의 역전현상은 12년 내외이다. 반면, 연금개시 이후에도 여전히 소득이 많다면 연기연금을 고려해야 한다. 노령연금액의 최대 50%까지 5년간 감액될 수 있고, 종합과세 누진세율을 낮추기 위해서다. 연금 맞벌이의 경우, 남편은 조기연금, 부인은 연기연금을 검토할 수 있다.

내 국민연금 계산

국민연금의 연금액이 어떻게 계산되는지를 알면 스스로 연금

전략을 세울 수 있다. 기본연금액은 ①소득대체율, ②A값, ③B값, ④가입 기간으로 결정된다.

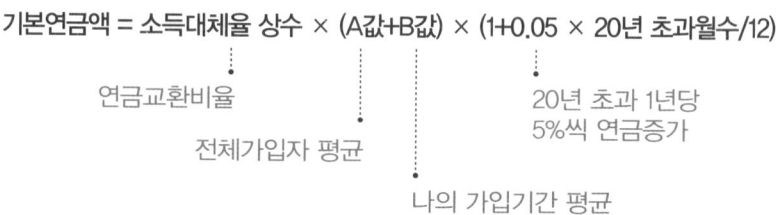

A값은 국민연금 전체 가입자의 3년간 평균소득이고, B값은 가입자 자신의 생애평균소득이다. 소득대체율 상수는 생애평균소득에 대한 연금교환비율이다. 국민연금의 소득대체율의 종착점은 소득의 40%이다. 가입기간 40년 기준으로 평균소득이 100만 원이라면 월 40만 원을 준다는 의미다. 가입기간이 20년이면 소득대체율도 20%(월 20만)로 내려가고, 가입기간 10년이면 10%로 떨어진다. 즉 가입기간 차이가 곧 연금액 차이를 만드는 것이다.

1988년 소득대체율은 70%였고, 이후 계속 인하되어 2008년 50% 이후 매년 0.5%씩(소득대체율 상수 0.15씩) 감소하다 2028년부터는 계속 40%가 유지된다. 당신의 국민연금액은 개혁을 하든 말든, 기금운용수익이 좋든 안 좋든 상관없이 확정되었다는 의미다.

가입기간별 소득대체율 변화

기간	1988~1998	1999~2007	2008~2027	2028년 이후
소득대체율	70%	60%	50%	40%
소득대체율상수	2.4	1.8	1.5	1.2

기본연금액 공식은 '가입기간 20년을 기준으로 기본연금 100%로 놓고, 이후 가입기간 1년 당 연금액이 5%씩 늘어나요~'라는 말이다. A값과 B값을 각각 280만 원이라 할 때, 2008~2027년까지 소득대체율은 50%다. 40년을 가입했다면, 20년 초과 월수는 240개월이다. 여기에 소득대체상수 1.5를 적용하면 연간 1,680만 원(월 140만)을 받을 수 있다.

```
기본연금액 = 소득대체율상수×(A값+B값)×(1+0.05×20년 초과월수/12)
         = 1.5×(280만 원+280만 원)×(1+0.05×240개월/12)
         = 1.5×560만 원×2
         = 1,680만 원
```

A값과 B값의 평균인 280만 원에 대해 월 140만 원의 연금을 타면 소득대체율은 50%가 나온다. A값에 비해 B값이 작은 가입자는 A값으로 인해 평균소득이 올라 연금을 더 받는 것이고, A값에 비해 B값이 큰 가입자는 A값으로 인해 상대적으로 연금을 덜 받게 되어 자동 소득재분배가 이뤄진다. 연금을 더 받기 위해 당신이 통제할 수 있는 것은 가입기간뿐이다. ①반환일시금 반납도, ②추납도, ③임의(계속)가입도 다 가입기간을 늘릴 수 있는 방법이다. 추납은 최장 119개월까지, 최장 60개월에 걸쳐 나눠서 낼 수 있다.

3가지 크레딧도 기억해 두자.
- 출산 크레딧은 2명(2008년 이후 출산) 12개월, 3명 30개월, 4명 48개월, 5명 이상 50개월까지 인정해 준다.
- 병역 크레딧은 군 입대(2008년 이후)하면 6개월을 인정해 준다.
- 실업 크레딧은 구직기간 납부 신청 시 국가가 75%를 지원한다. 생애 최대 12개월까지 인정해 준다. (단, 연간 종합소득 1,680만 원(근로, 사업소득 제외) 혹은 재산과표 6억 원 초과시 제한)

Coffee break

아들에게 주는 조언

1. 자신이 누구와 만나는지 봐야 한다. 그가 곧 너의 모습일지 모른다.
2. 실패하면 어때, 딴 거 하면 되지. 새로운 경험도 가치 있는 거야.
3. 이미 벌어진 일이라면, 네 안에 비난하는 또 하나의 너를 자제시켜야 한다.
4. 모든 일은 2배의 시간을 잡아라. 언제든 갑작스러운 일정이 뛰어드니까.
5. NO라고 못하면 평생 끌려다닌다. 너만의 여유와 품위만은 방해하지 못하게.
6. 과소비는 투자금에서 나온 이자와 배당으로, 월급은 다~ 저축하는 거다.
7. 가족의 지지는 견딜 힘이다. 가족부터 챙기는 것이 최고의 수익률이다.
8. 고민해도 답이 없을 땐 서점에 가 봐라. 그 해답이 한 줄로 나와 있을지 모른다.
9. 혼자서 애쓰는 것보다 남의 도움을 활용하는 것도 지혜다.
10. 번거로움과 수고로움을 기꺼이 감수하겠다고 결심하면 일이 쉬워진다.

CHAPTER 04
간병 스토리

|
'노인이 된다는 것은 다시 어린이로 돌아가는 것.
처음에는 어린이, 어린애, 갓난아기가 되어간다.
어린이는 부모가, 노인의 부모는 보험이다.'
|

오늘 서명한 보험증서는
가족 모두가 바라보는 '진실의 등대'

낮엔 구름 기둥, 밤엔 불기둥처럼…

노후는 예고된 험난한 항해,

등대는 배를 향해 계속 불빛 주문을 왼다.

"부디, 무사히 지나가시라.

매일 비추고 지켜보고 있을 터이니"

나는 전적으로 몸이다.

3가지 상황

1. 91세 치매 어머니를 모시는 친구가 과연 동창회에 나올 수 있을까? 나올 수도 있고, 못 나올 수도 있다.

2. 내가 간병 상황에 들어가자, 8남매가 각각 1천만 원씩 걷어 8천만 원을 모아 주었다고 자랑하니 친구들은 무척이나 놀라워했다. 그러나, 어제 밤 꿈 이야기다. 실제로는 아무도 연락이 없다. 대신 오늘 통장에 1억 원의 보험금이 입금되었다. 누가 진짜 가족인가?

3. 3년 전부터 홀로 된 아빠가 뇌출혈로 쓰러져 나 홀로 간병 중이다. 난, 연애라도 할 수 있을까? 누가 사위(며느리)가 되려 할 것인가?

'각성한 자, 지식이 많고 사리에 밝은 자가 말한다. "나는 전적으로 몸이며, 그 밖의 아무것도 아니다. 그리고 영혼은 몸에 속하는 그 어떤 것을 표현하는 말에 지나지 않는다." 몸은 하나의 거대한 이성이며, 하나의 의미로 꿰어진 다양성이고, 전쟁이자 평화이며, 가축의 무리이자 양치기다.' 차라투스트라가 몸을 경멸하는 자들에게 한 말이다.

죽기 직전 치매로 고통을 겪었던 니체가 느낀 몸은 전체의 세계다. 그는 몸의 감옥에 갇혀 경험하는 세계는 정신의 힘도, 지난날의 영광도, 꿈도 다~ 부질없다고 느꼈다. 프랑스 철학자 미셸 푸코는 살아 있는 한 떠날 수 없는 몸을 이렇게 말한다. '내 몸, 그것은 나에게 강요된, 어찌할 수 없는 장소!'

누구나 벌레가 된다.

프란츠 카프카의 소설 '변신'은 가족 생계를 책임지던 주인공 (그레고르)이 어느 날 아침, 불안한 꿈에서 깨어났을 때 한 마리의 흉측한 해충으로 변하여 생활비를 못 벌게 되자 가족에게 소외되고 외로이 죽는다는 스토리. 매번 가족을 놀라게 하고, 벌레로 변신한 이유를 모르는 가족들은 그를 혐오, 무시, 격리, 심지어 살인 시도까지 한다. 결국 그가 죽자 가족들은 안도의 한숨을 내쉬며 소풍을 떠난다. 해충이 된 몸은 간병에 놓인 당신이다.

사회와 격리된 채, 간병 쇠사슬에 묶여 구슬피 우는 가족의 소리가 들리는가? 어쩌면 내 이야기일지 모른다. 나로 인해 가족의 삶이 저당 잡힌다면 어떻게 하지? 아직 기회가 있을 때, 실재하는 이 비극적 시나리오를 당장 걷어 내어 인간의 존엄을 지키고 가족을 해방시켜야 한다. 간병보장은 가족 노예 해방 운동이다.

1. 누구에게 맡길 것인지,
2. 비용은 어느 통장에서 충당할 것인지,
3. 어느 수준으로 간병할 것인지.

일본 사례

'회사에 다니면서 부모 간병하는 직장인이 약 1,300만 명, 두 역할을 양립하다가 결국 직장을 떠나는 간병 이직자가 연간 10만 명이다. 이들 간병 이직자는 사회 복귀도 어렵기 때문에 사회 취약층으로 전락하게 된다.'
_니케이 비즈니스

일본에서 간병은 75세부터 시작되고, 85세 이상 노인 절반이 간병 환자다.(후생노동성·2017) 간병 기간은 평균 5년(54.5개월)이다.(생명보험 실태조사. 2018) 치매환자 수는 2025년 65세 이상 5명 중 1명(730만)으로 예상된다. 요양병원은 이미 초만원이고, 간병인 구하기는 하늘의 별 따기라 재택 간병이 대세다. 그 결과, 간병으로 인한 이직, 실직, 자살, 타살이 사회 문제가 되고 있다.

간병케어 비율(日)

연령	65~69살	70~74살	75~79살	80~84살	85~89살	90살 이상
비율	2.9%	6.1%	12.9%	28.1%	50.4%	76.9%

치매 비율(韓)

나이	60~64살	65~69살	70~74살	75~79살	70~84살	85살 이상
구성비	2.7%	4.4%	8.8%	20.72%	26.73%	36.66%

(중앙치매센터. 2022년)

가속(加速) 노화

아산병원에는 '노년내과'가 있다. 말 그대로 노인들이 치료 대상이어야 한다. 하지만, 3040 환자들이 치매에 걸린 듯 기억력 감퇴와 이유를 알 수 없는 무기력, 만성 통증으로 병원을 찾는다. 원인은 취업, 결혼, 주택 구입 등 온갖 스트레스로 인한 가속 노화!

정희원 교수(아산병원 노년내과)는 "최근 의료기술 발전으로 기대 수명만 늘었지 노인 건강 상태는 2014년 이후 전혀 좋아지지 않았다."고 말한다. 원인은 ①원재료를 알 수 없는 초가공식품 ②식품첨가물 ③당도가 높은 음식 ④스마트 폰 사용으로 인한 저(低)활동 ⑤쾌락 중독으로 인한 스트레스 호르몬 수치 증가 등이다. 그 결과, 30~40세대가 20년 뒤 50~60세대가 되면, 부모보다 기대 수명도 짧고, 빨리 늙어 각종 질병으로 7080 부모와 함께 병원에 눕게 된다. 국민 절반이 온갖 병치레에 시달리게 된다는 것이다.

30~40대가 60~80대가 되는 2050년, 노인 인구 1,900만 명(40%), 노인 가구가 전체 가구의 절반(49.8%), 노인 1인 가구도 절반(58.8%)이 넘는다. 요양병원 부족으로 자택 간병이 대세일 것이다. 치매로 아내를 살해한 남자(68세)의 증상은 61세(7년 전)부터 시작되었다. 간병은 먼 이야기가 아니다. 40세 이후 언제든 치고 들어올 수 있다. 장기요양보험서비스 대상은 65세가 아니어

도 노인성 질병을 앓는 65세 미만인 자도 포함한다.

연령별 흐름과 원인

'가속 노화'를 증명하듯 한국인에겐 34가지 질병이 폭증하고 있다. 의사가 병명을 알 수 없는 통증, 노산으로 인한 선천이상이 3배 이상 증가하고 치매 발생률도 세계 최고다. 원인은 5가지다.

1. 미세먼지 : 미세먼지는 한 번 폐로 들어가면 배출이 안되고, 혈액을 탁하게 만들어 혈관질환을 일으킨다. 뇌로 들어가면 인지장애를 일으킨다.
2. 수면부족 : 6시간 미만 수면 시 당뇨는 기본, 뇌에서 치매 단백질이 증가한다.
3. 전자파 : 송전탑 100미터 주변 주민의 35%는 암 환자다. 휴대폰·안마의자·비데 등 온통 자기장이 40대부터 뇌종양과 인지장애의 원인이 되고 있다.
4. 잇몸병 : 65세 이상 노인 평균 10개의 치아가 없다. 잇몸 틈새를 통해 진지발리스 균이 온몸에 퍼지면 모든 질병이 가능하다.
5. 유전자변형식품(GMO) : 수입 콩·감자·옥수수에 뿌려진 제초제 속 1군 발암물질인 글리포세이트가 장내 세균을 초토화시킨다. 뇌 행복물질인 세로토닌 생성의 8~90%는 장내 세균이 만들어 낸다. 그 결과 우울증·자폐증·자살·불임 등이 증가한다.

이외에도 내부 피폭을 일으키는 방사능 수산물과 가축의 내장에 축적된 오염물질 등 위험 요인의 최종 종착점은 치매·파킨슨병과 같은 '노인성 질환'이다.

5가지 원인 질환

구분	기형, 사산, 유산, 자폐	불임	암, 백혈병	뇌 심질환	신장	대사증후군 우울증	신경 계통	치매
GMO	O	O	O	O	O	O	O	O
방사능	O	O	O	O	O	O	O	O
전자파	O	O	O	O	O	O	O	O
미세먼지	O	O	O	O	O	O	O	O
잇몸병	O		O	O	O		O	O

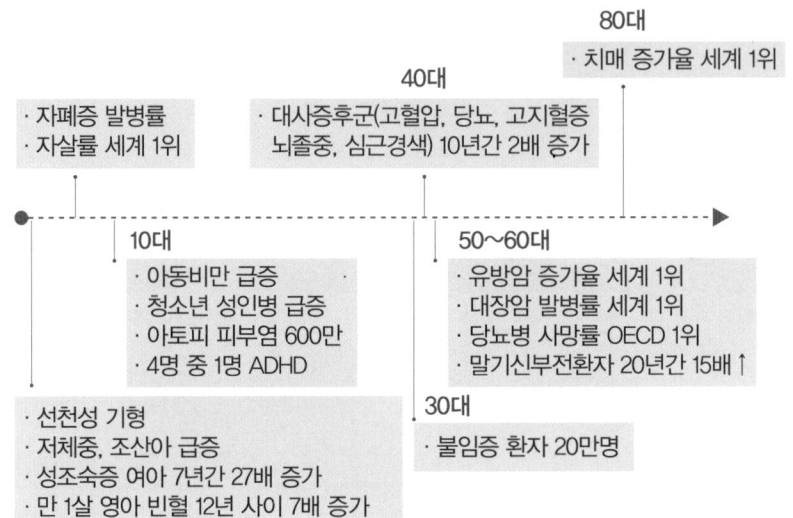

간병 보장으로 색칠하기

2008년 딸이 치매 어머니를 인천국제공항에 버리고 도망간 사건은 당시 큰 충격이었다. 40대 여성 A 씨는 미국에선 치료비가 너무 비싸기 때문에 경제적 어려움과 가족 간 갈등으로 어머니를 인천국제공항 무인 경비실에 앉혀 놓고 도망친 것이다. A 씨는 경찰 조사를 받았고, 어머니는 복지시설에서 돌봄을 받게 되었다.

간병은 거주, 재산, 누가 돌볼 것인지, 보호자 사망 후 문제, 생활능력, 재산관리능력이 부족한 간병가족 문제까지 포함한다. 결국 간병 문제는 100% 돈 문제이고 돈 문제는 곧 보험 문제로 귀결된다. 정부가 그린 밑그림(장기요양보험)에 간병보험으로 색칠해야 한다.

한국 노인은 돈이 없다. 노인 가구 순자산은 4억 1,048만 원, 부동산(80%)을 빼면 7,454만 원이 남는다.(2021) 다수가 일하고 싶어 하지만 17%만이 건강하다. 전체 가구의 순자산도 별반 다르지 않다. 부채를 빼면 4억 5,602만 원, 이중 금융자산은 1억 원 정도다.(22.1%. 2022년. 통계청)

현금은 없고 온통 빚뿐인 상황에서 '간병 상황'과 마주치게 되면, 바로 극단으로 몰려 '자살'을 떠올리게 된다. 외국 나간 자식은 그냥 해외 동포일 뿐이고, 받을 재산이 없으면 올 생각도 안 하고, 병 수발은 효자가 독박(?)을 쓰게 된다.

모든 보험은 간병보험이다.

'간병'은 진단명이 아니라 일종의 전쟁 상황으로 장기간 상황을 통제해야 한다. 전쟁이 발발하면 총동원령이 내려진다. 모든 통장도 총동원되어야 한다. 보험설계와 상품설계는 다르다. 상품설계는 1~2개 특정 상품을 가입하는 것이고, 보험설계는 각각의 상품을 씨줄 날줄로 엮어 거대한 돔(dome)을 만들어 이 통장에서 돈이 안 나오면 저 통장에서 돈이 쏟아지게 만드는 것이다. 돈이 쏟아지지 않으면 부모 집이 날아간다.

치매도 증상 완화 외엔 특별한 치료제가 없다. 인지기능장애부터 경도 치매(CDR 1), 중등도 치매(CDR 2), 중증 치매(CDR 3)까지 몇 년간 전쟁을 치러야 할지 모른다. 경도 치매는 발병 후 1~3년, 중증도 치매 2~10년, 고도 치매는 8~20년까지 생존한다.

간병보험금은 좁게는 ①건보공단의 장기요양등급, 혹은 ②치매를 판단하는 CDR 척도나 ③질병후유장해를 기준으로 지급되는 보험에 가입하고, 넓게는 질병·사고 시 〈진단비, 수술비, 입원비, 후유장해 진단비, 각종 연금, 사망보험금〉까지 포함한다.

한강 홍수 통제소

물은 하나의 위험이다. 산에서 내려온 물은 계곡물 ☞ 개천 ☞ 강물 ☞ 바닷물로 모인다. 즉 위험이 모이는 것이다. 같은 물인데 이름이 다르다. 위치와 상황이 다르기 때문이다. 바다에 모인 물은 이름이 바뀐다. 파도, 너울 파도, 쓰나미... 홍수 조절용으로 곳곳에 지어진 평화의 댐, 다목적댐인 소양강댐, 이를 통제하는 '한강홍수통제소'가 있다.

간병설계도 통제소와 중간중간 댐을 짓듯 보험을 배치해야 한다. 3040때는 고혈압·고지혈·당뇨·비만 등 지병 관리 댐, 5060때는 암·심장질환·뇌혈관질환 등 만성질환 댐, 6070때는 6대 장기 노인성 질환과 치매보장 댐을 쌓는다.

실손보험 가입자는 초등학생이다. 암 보험 가입자는 고등학생이다. 종신보험 가입자는 대학생이다. 간병보험 가입자는 대학원

생이다. 치매보험 가입자는 박사 학위다.

연금은 요양병원에 입원하면 간병 연금으로 바뀐다. 사망보험금은 사후 의료비 정산에 사용되면 간병 보험이다. 진단·입원·수술비는 간병 의료비보험이다. 간병비로 사용하면 다~간병 보험이고 간병 연금이 된다. 서로 다른 보험을 '간병 동맹'(alliance)으로 엮어야 한다. 모든 보험 앞에 '간병'을 넣어 보자. '간병 골절, 간병 입원, 간병 수술비, 간병 후유장해 진단비'

한국은 장애인 국가

2022년 등록장애인은 265만 3,000명(전년 대비 8,000명↑), 전체 인구의 5.2%로 곧 인천시 인구(297만. 2023년 1월)를 넘어설 태세다. 장애인 중 60~70대가 45%를 차지한다. 매년 8만여 명이 새로 등록하고 등록 장애인의 절반이 70~80대이다. 미등록 장애인과 장애인 가족(4인 가구)을 포함하면 한국은 1,000만 장애인국가다.

대부분 후천성(9대1)이고 원인은 질병으로 인한 후유장해(56%), 사고(32%. 2017년. 보건복지부) 순이다. 가장 많은 유형은 지체 장애, 청각 장애, 발달 장애 순이다. 지체 장애는 감소하나, 청각 장애, 발달 장애, 신장 장애가 증가하고 있다. 왜 늘었을까? 65세 노인 인구가 늘었기 때문이다. 65세 이상 절반 이상이 장애자이다.

후천적 지체 장해	· 뇌졸중이 뇌병변 장애를 일으켜 지체 장애가 되는 경우. · 오래 앉아 있는 직업군, 과음, 척추 비틀림으로 고관절 부위 혈류 차단으로 '대퇴골두 무혈성 괴사증'으로 한쪽 다리가 짧아지는 경우.
신장 장애	· 내부 장기가 망가져 신장 투석을 하는 경우
장루 장애	· 직장암 수술 이후 대변 주머니를 차는 경우

이때 필요한 것이 '질병후유장해담보'이다. 후유장해담보는 가입금액에 장해율을 곱하여 지급한다. 확률이 높은 만큼 보험료가 높아, 자녀 나이 35세까지 가입이 가능한 일명 '어른이 보험'에 필수적으로 가입해야 한다. 특히, '질병후유장해 3%이상 담보'는 동일 질병사고가 아니면 반복 지급되는 현금 쿠폰이다. 가령, 1억 질병후유장해담보에 가입한 후, 후유장해 50% 진단 시, 5천

만 원 진단비를 받은 후에도 보장이 지속된다.

'극심한'(말기) 치매로 인한 장애일 경우, 후유장해 진단을 받기 전에 사망하거나 곧 사망이 임박한 경우에는 보험금 지급이 거절되기도 한다. 또한, 진단서 외에도 뇌 영상검사를 기초로 18개월 이상 치료 후 평가하는 과정이 기다리고 있다. 그래서 후유장해와 사망보험금은 한 묶음이어야 한다.

3대 질병 치료 후 후유장해 발생률은 75%이므로 [3대 질병 진단비+질병후유장해담보]는 한 묶음이어야 하고, 여기에 [입원비+수술비]가 포함되면 서로 울림을 주고받는 금융 교향곡이 된다.

CDR (Clinical Dementia Rating) 척도

구분	CDR	장애분류	증상	질병 후유장해
경증 치매	2점	약간의 치매	반복된 과거만 기억, 새로운 지식 금방 소실	40%
	3점	뚜렷한 치매	심한 기억상실, 대소변 실금	60%
중증 치매	4점	심한 치매	언어 해독 불가	80%
	5점	극심한 치매	본인 인식 불가, 누워 지냄	100%

주요 질병후유장해 사례

병명	내용	장애율
암	위 · 난소 · 대장 전부 절제 인공항문 및 요루 설치 한쪽 폐 전부 절제	50% 20% 30%
뇌졸중	수저 사용 불가	15%
관절염	무릎 인공관절 양쪽	20%×2
당뇨	당뇨합병증으로 한쪽 눈 실명	50%
디스크	추간판탈출증(하지방사통 또는 감각 이상)	10~20%
인공관절	관절염 등으로 고관절,무릎,발목 인공관절 삽입	30%×2
노안	교정시력 감소(한쪽 눈 교정시력 0.2 이하)	5%
	한쪽 눈 교정시력 0.1 이하	5~15%
틀니	치아 5개 이상의 결손	5%
난청	순음청력검사 상 70dB 이상 (50cm 이상 거리에서 보통 말소리를 알아듣지 못함)	5%

치매 브리핑

1. 75세를 기점으로 암(41%), 뇌혈관질환(30%), 치매(24%) 위험 순서는 [치매, 뇌혈관질환, 암] 순으로 바뀐다. 치매는 40대에 시작, 60대 발병, 85세 만개한다. 8~10년 간병 후 사망으로

저축한 돈을 다 쓰고 간다. 중증 치매 시 집이라도 남기려면 '치매 생활비'를 준비해야 한다.

2. 알츠하이머 치매가 60%다.(혈관성 25%) 99%가 생활습관 문제이고, 40대는 고혈압과 비만, 60대 우울증, 청력 상실, 수면 부족이다. 잠이 부족하면 고혈압, 당뇨, 치매에 걸린다. 최소 7~8시간 자야 하는데 한국인의 수면시간은 OECD 최하위다.

3. 서울에도 청소년·청년(14~34세) 900명이 할머니·부모를 간병하고 있다. 치매환자 집엔 거울이 없다. 폭력성 때문이다. 그 외에도 폭언·가출·의처증·의부증 등에 시달린다.

간병 설계하기

내 가족에게 간병이 생긴다면...

> 2021년 8월, 홀로 아들을 키우는 A+ 씨(남 49세. 돌싱)는 새 직장 면접을 위해 지방에 내려가던 중 갑자기 쓰러졌다. 진단은 외부 충격에 의한 외상성 뇌출혈! 그 후 전신 마비로 혼자서 아무것도 할 수 없는 1급 장애(후유장해 80%) 판정을 받았다. 평생 간병이 필요한 상황에서 받은 보험금은 무려 5억 원의 목돈과 월 생활비 245만 원이었고, 가입해 놓은 모든 상품에서 납입면제를 받았다.

누구라도 뇌에 충격이 가해지면 간병 상황은 피할 수 없다. 그런데도 보험만 튼튼하다면 희망이 있다. 주목할 것은 '상해후유장해담보'이다. 이 담보는 보험료가 저렴하므로 2층, 3층 복층 구조로 가입할 수 있다. 4억의 보험금임에도 보험료는 월 2~3만 원이다. 이런 설계가 가능했던 이유는 1년 전 보험 일을 시작한 여동생의 현명함 때문이었다. 여동생은 생각한다.

'이혼하여 혼자가 된 오빠에게 문제가 생기면, 시골에 계신 70대 부모님을 제외하면 내가 초등학생 조카까지 떠맡아야 한다. 고로 오빠 문제는 곧 내 문제가 될 것이고, 사망보다 심각한 것은 장애인으로 오래 사는 것 아닐까? 만일의 경우 '지정대리인'이 될 날 위한 것이잖아. 보장을 튼튼히 하는 것이 중요하겠다.'

가입 12개월 만에 우려했던 그 일이 벌어졌다. 중증질환에 대한 산정특례가 적용되고, 치료비는 실손보험으로 처리했다. 하지만 실손보험이 있어도 50여 일의 중환자실 입원기간, 3차례에 걸친 수술과정 중 본인 부담금과 부대비용도 만만치 않았다. [외상성 뇌출혈 진단비 · 수술특약 · 상해수술비 · 중환자실 입원특약 · 상해입원특약] 등에서 나온 보험금을 통장에 넣어 두고 사용했다. 그 후 2년간의 재활병원 입원 중 공동간병비 70만 원은 상해입원특약 일당 2만 원(월 60만)으로 상계 처리했다.

1	● 연금보험(20년납)	장해연금 매년 600만×20회 = 총 1.2억 원	납입 완료
2	● 통합보험 (100세·20년납) ● 운전자보험 (20년·20년납)	실손의료비특약 ☞ 병원비 일체(산정특례) 외상성 뇌출혈 진단비 ☞ 2,000만 원 상해후유장해진단비 ☞ 4억 원 수술비 3번 ☞ 1,000만 원 ※상해후유장해 80% 이상 담보 = 2.5억 원 ※상해후유장해 20% 이상 담보 = 1.5억 원	납입 면제

A+씨는 상해후유장해 80% 판정으로 2가지 보험에서 4억 원, 24세 때 어머니가 가입해 둔 '확정형 연금보험'에서 1억 2,000만 원, 총 5억 2,000만 원을 받게 되었다. 누가 받았을까? 성년후견인이자 '지정청구대리인'인 여동생이다. 후견인은 지금 간병하지 않는다. 일하면서 여행도 다닌다. 간병은 보험이 하는 것이고.

과거 판매된 확정형 연금보험에는 보장이 장착되어 있다. 이는 국민연금에서 장해연금을 보장하는 것과 같은 이치다. 국민연금은 건강할 땐 노령연금, 장애 시 장애연금, 사망 시 유족연금으로 나뉜다. 이처럼 연금설계는 '생로병사 연금'이어야 한다. A+씨는 49세 사고 이후 100세까지 51년을 전신마비로 살아야 하고 초등학생 자녀까지 키워야 하는데 생활비 설계는 다음과 같다.

3	치매보험(20년납)	진단비 : 2,000만원 . 생활비 : 종신토록 월 100만원	면제
4	국민연금(10년 가입)	장애연금 매월 45만원(물가상승 반영)	중단
5	기초수급 생활비	월 100만원	
6	암 보험(20년납)	(진단비 1억원)	면제
7	종신보험(20년납)	(사망할 경우 4,000만원)	면제

뇌 손상은 반드시 치매로 이어지므로 월 100만 원을 종신토록 받을 수 있는 '치매생활비특약'에서 월 100만 원, 기초수급생활비 월 100만 원, 국민연금에서 장애연금으로 월 45만 원 등 총 245만 원의 연금을 확보했다. 가족은 자유로워졌고, 환자의 자녀는 여러 학원에 다니고 있다. 게다가 모든 보험에 '납입면제'를 붙인 결과 남은 종신보험, 암보험 등 모든 보험료는 20년납에서 1년납으로 바뀌게 되었다.

주목할 것은 모든 보험에 '지정대리인'을 설정해 둔 것이다. 보험수익자가 치매나 사고로 의사결정이 어려워지면 보험금 청구 절차가 복잡해지고 기간이 늦춰지면서 가족들이 어려움에 빠진다. 사전에 지정대리인을 정해 두었다면 신속한 지급으로 치료비나 생활비 등 급한 불을 끌 수 있다. 또한 성년후견인 판결까지 최소 3~6개월이 소요되고 가족들 간에 의견 다툼이 생기면 기간이 더 길어지므로 재빨리 법원에 신청해 두어야 한다.

간병환자는 대부분 노인성 질환이고, 노인성 질환은 뇌 질환이다. 젊은 사람도 뇌를 다치면 언제든 간병환자가 된다. 젊은 시절 자주 발생하는 뇌 손상이 외상성 뇌출혈이다. 노인들은 침대에서 떨어지거나 화장실에서 쓰러져 머리를 부딪힐 수도 있다. 자동차·오토바이·자전거 등 교통사고나, 높은 곳에서 떨어지거나 미끄러지는 낙상 사고, 축구·농구·스키·스노보드 등 스포츠 활동, 가정 폭력이 원인일 수도 있고, 작업 현장에서 기계에 부딪히거나 물건이 떨어질 수도 있다.

글을 쓰는 와중에도 또 하나의 문자가 왔다. 20대 청년이 퇴근 후 권투 경기를 했다. 집에 돌아온 후 머리가 아파 쓰러져 일주일째 중환자실에 누워 있단다. '아~ 그 가정도 준비되어 있을까?' 개인 문제가 아니라 가족 모두의 문제이다.

요양원과 요양병원의 차이

요양원

국가지원을 받는 요양시설이다. 등급을 받아 입소하고, 요양보호사가 24시간 간병한다.(2.5명당 1명) 의사 없이 간호사만 주간에 근무한다.(25명당 1명) 본인부담은 20%이고 보통 월 60~70만 원이 들어간다.

요양병원

사설 병원이므로 실손보험 등 보험처리가 가능하다. 간병비는 보험처리가 안 되고, 간병을 받으려면 별도로 간병인을 고용해야 한다. 개인간병은 하루 12~15만 원이므로 대부분 1대6과 같은 공동 간병을 하게 된다. 폭력·폭언·학대·방임의 문제는 대부분 공동간병에서 발생한다. 개인간병은 월 300만 원, 중증이라면 월 500만 원 이상, 공동간병은 월 120~150만 원이 든다. 고급 병실과 세심한 치료가 필요한 경우, 월 3~5천만 원을 넘기도 한다.

늙음은 다시 아이가 돼가는 과정이고 지정대리인은 엄마 역할이다. 그간 자녀를 키웠다면 고액 학원비를 지출하듯 요양병원비를 지출하게 된다. 다시 아이가 되가는 부모를 돌보게 될 준비를 해야 한다.

장기요양등급

6개월 이상 혼자서 일상생활이 어렵다고 인정되어야 등급을 받을 수 있고, 등급에 따른 월 한도액 내에서 장기요양급여를 이용할 수 있다. 공단 지사에 등급심사를 신청하면 5대 기능(식사, 입욕, 화장실 이용, 이동, 의복 착용)에 인지·소통 능력까지 직원의 방문조사 후 심사를 거쳐 30일 내 받게 된다.

시설등급		재가(在家)등급			
1등급	2등급	3등급	4등급	5등급	인지지원등급
전적인 도움 (95점 이상)	상당부분 도움 (75점 이상)	부분 도움 (60점 이상)	일정부분 도움 (51점 이상)	치매환자 (45점 이상)	경증치매 환자 (45점 미만)

요양시설 3종

주간보호센터	등급 받은 노인이 이용하는 동안, 가족들이 숨 쉰다. 본인부담금 월 20만원.
방문요양 (재가급여)	등급에 따라 하루 2~4시간만 이용하는 쿠폰. 월별로 금액(시간) 한도가 있어, 요양보호사의 24시간, 365일 가정 방문을 원할 경우 80% 이상 부담.
요양원(시설급여)	〈노인요양시설 · 노인요양공동생활가정〉

Coffee break

모든 병은 걷지 않아서...(주 5일 걷기)

4000보 : 우울증 예방(스트레스 해소)

5000보 : 치매(30% 예방), 심장질환(심장마비 37% 예방),
　　　　　뇌졸중 예방

7000보 : 골다공증(뼈), 암 예방

8000보 : 고혈압, 당뇨 예방

1만보 : 대사증후군 예방(소화기관, 하체 근육 개선)

CHAPTER 05
종신 스토리

|
'누구든지 자기 친족 특히 자기 가족을
돌아보지 아니하면 믿음을 배반한 자요'
_디모데 전서 5:8
|

그간 돈을 벌던 내 몸이, 돈 먹는 하마로 변하기 전,

온몸을 보험금으로 코팅함으로 현금 채굴기로 변신한다면

살아생전 돈 걱정으로부터 해방될 수 있다.

나이 들어 숨만 쉬어도 돈이 나와야 한다.

입원해도 나오고, 오래 입원하면 계속 나와야 한다.

심지어 욕창이 생긴 몸도 돈을 만들어야 한다.

만일 죽는다면, 남은 가족에겐 거액을 남겨야 한다.

그 돈으로 스스로 위로하고 여전히 가족을 돌보도록.

뭔 걱정인가? 저렴하고 효율적인 수단이 있는데

아직 시간이 남아 있다면 눈을 뜨고, 귀를 열어야 한다.

당신의 보험설계사는 바로 당신이다.

가문 기획

가을 운동회

여기는 가을 운동회가 열리는 초등학교 운동장, 달리기가 특기인 내 아이 모습이 보이지 않는다. 주위를 보니 아이는 출발선으로부터 50미터 떨어진 곳에서 준비하고 있었다. 놀란 나는 담임 선생님께 달려가 '왜 동일한 출발선에서 뛰게 하지 않았는지'를 따졌다. 그는 모니터를 보여 준다. 아뿔싸, 100미터 경기가 아닌 가족 모두 참여하는 300미터 계주였다.

최초의 주자는 아빠였다. 전날 3차까지 이어진 회식으로 기진맥진해진 결과, 10명 중 5번째로 바통을 엄마에게 넘긴다. 엄마는 바통을 놓치고 말아 순위는 7번째로 밀려 버렸다. 이 광경을 지켜본 아이 속이 타들어 갔다. 바통을 넘겨받은 후 젖 먹던 힘까지 보태어 질주해 보지만 결국 꼴찌를 겨우 면하고 말았다. 아이

는 축 늘어진 어깨로 되뇐다. '출발선만 같았더라도…'

친구와 나의 차이

- 친구는 부모에게 받은 1억으로 출발했지만, 난 1억 빚으로 출발했다.
- 친구는 재테크와 노후 준비부터 시작했지만, 난 대출 상환과 투잡으로 시작했다.
- 친구는 경력을 위한 취직, 난 생사를 건 투쟁이었고, 끊임없이 능력을 입증해야만 했다.
- 친구는 부모의 인맥을 이용했지만, 난 항상 개척했어야 했다.
- 친구는 사랑했던 연인과 곧장 결혼했지만, 난 미루는 사이 연인은 떠나갔다.
- 친구의 결혼 조건은 오로지 '사랑', 내 조건은 '맞벌이'였다.
- 친구는 아내에게 "내 안에 너 있다."라고 말했지만, 난 "내 안에 암(癌) 있다. 당뇨도 있다"라고 말했다.

혈구가 뿌리를 기억한다.

　1993년 미군에서 실시한 흥미로운 연구가 있다. 연구가들은 세대에서 세대로 전해지는 특성들을 조사해보기로 했다. 육체적 특성들이 다음 세대로 유전된다는 것은 익히 알려진 사실이다. 하지만 감정적, 정신적, 영적 특성들은 어떨까? 연구가들은 자원자의 백혈구 몇 개를 추출하여 시험관에 넣었다. 그리고 자원자의 감정적 반응을 측정하기 위해 거짓말 탐지기의 탐침을 이 시험관에 넣었다. 그리고 나서 자원자는 실험실을 나와 두 개 문을 지나 마련된 TV로 옛 전쟁영화의 폭력적인 장면들을 보여 주었다.

　자원자가 잔뜩 긴장한 얼굴로 영화를 보는 동안 실험실에서는 거짓말 탐지기가 백혈구 샘플의 상태를 기록했다. 이제 더 이상 지원자 몸의 일부가 아닌, 그저 시험관에 담겨 있는 피를 통해 그의 감정적 반응을 탐지한 것이다. 여러 자원자를 대상으로 한 실험 결과는 한결같았다. 연구가들은 혈구가 자기 뿌리를 '기억'한다는 결론을 내렸다. (조엘 오스틴. '잘되는 나' 中에서)

가난의 고리 끊기

조선은 '고리대금'의 나라였다. 엘리트 대부분이 고리대금업자였고 일반인들은 더 심해서 50~70%까지도 받았으며 왕실마저도 '고리 공채'를 운영했다. 왕실의 비자금을 관리하는 내수사가 금전과 곡식을 대여 후 받은 연이자는 무려 10%, 후기로 가면 20%로 뛰었다. 돈이 신분을 만들고, 신분이 다시 돈을 만드는 악순환 속에 노비로 전락한 이들은 죽어서도 자식에게 신분을 상속했다.

원래 가난한 사람은 없다. 가난한 가문도 없었다.
거슬러 가면 다~ 부자였고 정승 집안이었다.

하지만 조상 중 누군가 가문을 경제적으로 망친 주범이 있을 것이다. 족보는 조상이 어떻게 살았는지 알려주지 않는다. 오로지 출발점만 알 수 있다. 그러나 그들의 생각, 행동은 분명히 알 수 있다. 그 결과물이 당신이니까. 정신적 DNA마저도 계속 내려온 것이다. 그 대물림을 끊는 것이 종신보험이다. 3대가 현역병으로 복무하면 '병역 명문가'로 인정받아 군 할인마트를 이용할 수 있다. 3대가 종신보험을 가입하면 몇십억 경제적 명가(名家)가 탄생한다.

늘어나는 상속 부자

상속세 납부자는 '사망자의 약 3%'에 불과하다. 나머지 97%는 상속세를 안 냈다는 말이다. 왜? 사전증여 때문이다. 2022년 증여세는 약 8.6조 원으로 전년보다 24.6%나 증가했고, 신고인원은 매년 20만 명이 넘는다. 특히 서울·경기 지역이 60%를 차지한다. 증여세 실효세율은 약 14%(상속세 28%)로 거꾸로 계산해 보면, 매년 61조 원씩 증여가 일어나고, 지금 태어난 손자가 50세가 되면, 시중에는 5년 치 정부예산인 3,050조 원의 증여재산이 깔리게 된다. 이것이 기득권의 전말이다.

2000년 상속재산의 기여도는 42%, 자산 상위 10%가 전체의 66%를 소유했다. 현재는 기여도가 더 상승하지 않았을까? 전통 부자들은 정보를 주고받으며 고액 종신보험으로 현금을 준비한 결과 자수성가보다 증여 상속 부자가 많아지게 된다.

'인생 보험'이 있는가?

유태인의 상속법
1단계. 할아버지가 1억 종신보험에 가입하여 아들에게 보험금을 남긴다.
2단계. 아들은 받은 보험금 전액으로 10억 종신보험에 가입한다.
3단계. 손자도 받은 보험금 전액을 다시 100억 종신보험에 가입한다.

수입원이 죽었는데, 인당 3~4건씩 가입하고도 사망보험금이 3~5천만 원이거나, 손발을 못 쓰는 장애인데 월 3~4만 원이면 몇억씩 나오는 상해후유장해 담보가 없다면 너무도 허망하다. 자동차보험, 운전자보험, 상해보험, 단체보험 등 건수는 많지만 정작 중요한 기둥이 될 '인생 보험'이 없는 가정이 많다.

재(財)를 만들기 위한 종신보험 대중화가 시작되어 보험사에는 매달 월 1,000만 원 이상 보험료 입금 소식이 들린다. 일본에서도 십여 년 전부터 종신보험 가입이 급증하는 상황이다. 은둔형 외톨이(히키코모리)로 자립 능력이 부족한 자녀와 배우자를 위해 늦게나마 종신보험으로 재산을 남기려는 5060세대 수요 때문이다.

Marriage license

죽지 않는 남편

예비 신랑
"늦은 나이에 결혼하는 40대 초반으로 최소한 밥 굶기지 않겠다는 약속을 지키려면 지금이 종신보험 최적의 투자 시점이라고 생각했다. 언제 죽어도 생활비를 보증하고 오래 산다면 연금 재원을 마련할 수 있다는 점이 끌렸다. 오늘 증서를 건네며 청혼했다. "신부를 맞을 준비를 끝냈다. 이것이 나의 보증서다."

예비 신부
"결혼은 생애를 건 모험이라 고민도 많았지만, 그의 보험증서를 본 후, 종신보험에 가입할 수준이라면 결혼 대상으로 괜찮다고 생각했다. 세심한 배려에 만족한다. 보험증서와 결합한 그는 다이아몬드 신랑이다. '죽지 않는 남편'을 선물로 받았다.

남자는 80세 이전에 59.3%가 죽고(2022년), 남자 가장 100명 중 16명(16.4%)은 60세 시점에 자녀 결혼식장에 못 들어간다.

이 통계를 생각하면 예비 신부에게 있어 결혼이란, 인생을 건 모험이고 도박이다. 현모양처를 꿈꾸는 여성에게 진짜 종신보험은 건강하게 100세까지 살면서 돈 벌어다 줄 남편이다. 남편(진짜 종신보험)을 보호하기 위한 종신보험은 신랑을 보증된 화폐(insured man)로 만든다. 청혼 서약에 보험증서를 첨부한다면 '약속'은 이미 성취된 것이다.

왜 그리 신이 났을까?

> "취업 후 출근하는 첫날이다. 자립하기까지 28년이 걸렸다. 12년 전 세상을 떠난 아버지는 변함없이 생활비를 입금해 주셨고 가족의 삶은 변함이 없었다. 보험이 죽음조차 희망이 되도록 바꾼다는 것을 안다. 아버지 사망 후 어머니는 밀린 빚과 병원비를 정산한 후, 남은 돈으로 꽃집을 열어 생활해 오셨다. 보호가 절실했던 기간, 아버지는 책임을 다하셨다. 책임을 다하지 못한 가장의 영혼이 가족 주변을 떠돌지 모르나, 아버지는 꿈에서도 나타나지 않으셨다. 천국에 계신 것이 분명하니깨!"

아빠는 있되 '아버지'(부성)는 없고, 엄마는 있되 '어머니'(모성)는 없는 시대다. 실체인 사랑과 보호는 어디 있는가? 여기 있다. 보험증서가 바로 잃어버린 그 부모다. 보험증서는 '단순한 혈연관계'가 '실질적 부양관계'로 바뀌었음을 증명한다. 자녀가 부모로부터 존중받고 보호받고 있음을 인식할 때 비로소 진짜 부모가 된다. '저 인간들, 내 부모 아냐.' 이러면 안 된다.

가장의 직무(role)

손해보험의 최초의 목적물은 소(牛)였다. 당시 소가 수입원이었기 때문이다. 지금의 소는 누구일까? 수입원인 가장(家長)이다. 가장의 최우선 역할은 가족을 돈 걱정하지 않도록 안심시키는 것, 등 따숩고 배부르게 만들고, 수준 높은 교육과 질 좋은 의료보장 프로그램을 제공하는 것이다. 이런 생각이 부족하니 어머니들이 강해질 수밖에 없었고 모성(母性)이 부족한 남자들, 부성(父性)이 부족한 여자들을 만든 것이다.

부성(父性) 결핍

자녀는 어른이 되면서 '난 왜 태어났는가, 어떻게 살아가야 할 것인가?'란 질문을 던지며 부모로부터 정체성을 찾는다. 달걀 노른자를 보호하는 흰자처럼, 부모는 자녀 의식의 원(circle)이고, 시간이 가면서 선생님, 성직자, 멘토 등 새로운 원이 계속 만들어진다. 문제는 기초 원(circle)이 삐뚤어지면 모든 것이 왜곡된다는 것이다.

인간은 부성(父性. 남성성)과 모성(母性. 여성성)을 동시에 품고 있다. 전문직에 종사하는 딸이 남성적 힘을 발휘해야 할 상황이라면 품고 있던 아버지의 힘을, 아들은 포용과 타협이 필요한 상황에서는 어머니의 힘을 꺼내쓰게 된다. 부성 결핍은 어머니에 대한 '의존 상태'를 만들고, 밖에서는 끊임없이 타인의 도움을 구하거나 부모의 대체자를 찾아 배우자에게 집착하다 관계를 망치기도 한다. 지금 자녀에게 필요한 것은 '바른 아버지 상(像)'이다. 이때 종신보험은 아버지가 해야 할 역할을 콕 집어 모아둔 패키지(package) 혹은 부성 보충제(父性. fatherly nature supplement)라고나 할까.

머니 하우스 만들기

가장은 가족을 위해 2개의 집을 지어야 한다. 보이는 집과 보이지 않는 '머니 하우스'다. 머니 하우스는 2종류다. 65세 이전까지 '보장의 집'과 65세 이후 부부가 살게 될 '노후의 집'이다. 집 짓는 순서는 3단계다. ①65세 시점에 '은퇴 기둥'(목적자금)을 높이 세운다. 이때 필요한 것이 연금보험 혹은 종신보험이다. 이 재료로 금융 고속도로를 만든다. ②금융 고속도로에 지붕을 씌우면 '보장의 집'이 완성된다. ③65세 이후 '노후의 집'은 국민연금, 퇴직연금, 개인연금 등 종신형으로 구성한다.

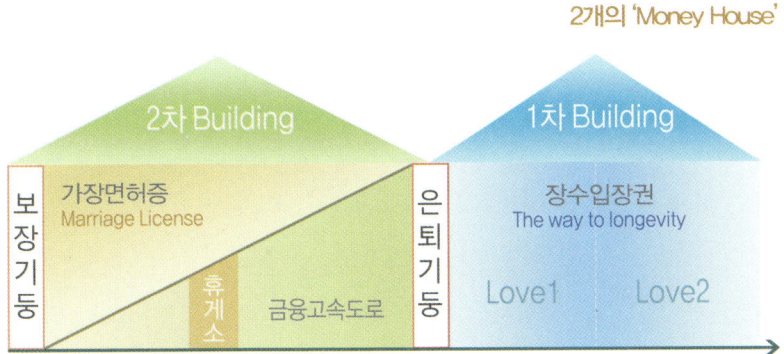

기둥부터 세워라

벽돌에 콘크리트만 바른 구조물은 4~5층이 한계였다. 여기에 철근을 넣어 '철근 벽돌 콘크리트 구조'를 만들면 100년 이상 지탱할 수 있는 건물이 된다. 뉴욕 엠파이어 스테이트 빌딩(1931년), 한국은행 본점(1912년), 구(舊)서울역사(1925년), 구 서울시청(1926년) 등이다.

2022년 1월 광주 아파트 붕괴 사고는 철근 부족과 콘크리트에 물을 섞었기 때문이고, 2023년 4월 검단 아파트 지하 주차장 붕괴 사고도 30여 곳 철근 누락이 원인이었다. 머니 하우스도 [100세 보험, 종신보험, 연금보험, 질병후유장해] 등 철근을 넣어야 한다. 뗏목 수백만 개를 모아도 항공모함을 만들 수 없고 멸치잡이 배로 다랑어를 잡을 수 없는 것이다. 싸고 좋은 보험은 없다. 비싸고 좋은 보험은 있다.

가족을 위한 보험

가장이 감기에만 걸려도 걱정인데, 병원에 입원하고 그러다 못 일어나면 큰일이다. 장례식장 전광판을 보면 ①여 38세 ②남 40세 ③여 85세 ④남 41세 ⑤여 39세… 노인만 죽는 것이 아니었다. 언제 죽어도 여한이 없도록 자꾸 되새기자. '오늘 죽어도 가족들의 삶이 지켜지는지, 무엇을 남길 것인지.' 특히 가장의 부재(不在)로 청소년기에 겪은 가난은 때때로 밀려오는 무력감과 같은 평생의 상처(trauma)를 남긴다.

사망보험금은 남아 있는 '가족의 적금'이다. 죽으면 '보험금'이, 죽지 않으면 '적립금'이 쌓인다. 종신보험은 하나의 돌로 다섯 마리 새를 잡는 것이다. 영화 '아바타 2'는 죽은 주인공이 자신이 만든 아바타를 통해 생을 이어가는 줄거리다. 가장의 아바타인 종신보험은 유실수와 같다. 열매(보험금)는 따 먹고 오래되면 땔감(적립금)으로 쓴다.

(죽으면) 사망보험금으로 가족의 현금,

(죽지 않으면) 중도 인출금으로 부부의 현금.

진실의 등대가 서다.

돈은 목숨줄이다. 장례식 중에도 먹어야 하고, 결혼식에 가도 음식을 대접한다. 설날 세뱃돈, 어버이날에 현금이 최고의 선물인 이유다. 재산이 없는 상태에서 5가지 부채를 진 가장이 죽으면 받을 길이 없다. 책임질 수도 없다. 그래서 진실의 등대에 불이 켜져야 한다. 종신보험 가입으로 나와 가족만이 아는 '진실의 등대'에 불이 켜지면…

자녀가 생각한다. '우리 집에 종신보험이 있지?!'
아내도 생각한다. '내 남편 죽어도 사망보험금 있어'
가장도 생각한다. '내가 없어도 가족은 이 돈으로 아무 변함없이 살아가겠지?!'

역할 장례식이란?

유일한 수입원이던 가장이 사망하면 가족은 최소 3번의 장례를 치른다. ①신체적 장례 ②경제적 장례 ③정신적 장례다. 보험금이 충분하면 조용히 애도할 뿐, 장례식장에서 곡소리가 나오지 않는다. 반대라면 유난히 곡이 커진다. 애도가 아니라 삶의 통곡이다. 이후 날아오는 빚 독촉장, 작은 집으로 이사, 일터에 나간 엄마, 빈집에서 뛰노는 아이... 가족은 계속 장례를 치르게 된다.

인간(人間)이란, 사람 사이에 존재하는 무엇(something to someone)이 실체이다. '남편, 아버지, 자식, 이웃, 동료, 시민' 등이라는 역할이다. 나는 누구인가? 난 역할이다. 죽음이란 그간 맡았던 역할들이 한꺼번에 사라지는 것이다. 생명보험은 '경제적 영생'이라는 개념을 가지고 있다. 보험증서와 결합한 가장은 최소한 경제적으로는 죽지 않는다. 당신의 보험료를 십자가에 못 박고, 보험금으로 부활하라. 아~멘!

젊고 건강하다	화폐 가치의 보유
사망(중대 질병, 영구 장해)	화폐 가치의 소멸
노화	화폐 가치의 감소

가장이 사망하면…

고인 명의의 통장은 가족이라도 출금할 수 없고 이전 과정을 거쳐야 한다. 상속세부터 신고해야 하고, 채무보다 재산이 더 많아야 출금할 수 있다. 건드릴 수 있는 것은 배우자가 받을 유족연금(국민연금)과 사망보험금이다. 사망보험금은 수익자의 '고유재산'이기에 남은 병원비와 대출금, 생활비 등 긴급자금으로 긴요히 사용할 수 있다.

> 1. 상속재산조회 (주민센터 · 정부 24)
> 2. 숨은 보험금 찾기 (생 · 손보 협회)
> 3. 유족연금 지급 유무 확인 (국민연금공단)
> 4. 본인부담상환제 환급 여부를 문의 (건보공단)
> 5. 휴대전화 해지하고 공과금 인출 중지 (통신사)
> 6.. 보험료 인출 중지 (각 보험사)
> 7. 세금 체납 여부, 상속세 신고 (국세청)

아무도 묻지 않는다

여기는 보험금 창구다. 수익자가 사망보험금을 청구하자 직원은 어떻게 사망했는지 여부를 묻지 않는다. 물어볼 필요도, 이유도 없다. 어떠한 공제도 없이 100% 현금을, 수익자 통장에 소리 없이 실시간 입금해준다. 이런 과정을 말하지 않으면 누구도 알 수 없다. 게다가 가족의 일상은 아무런 변화가 없다면 말이다. 보험금은 채권자도 건드릴 수 없다.(대법원 판결) 그러므로 당신이 가장이라면 일단 시작부터 해 놓으라. 혹 불입하지 못하면 수익자가 관리하면 되니까.

모파상의 목걸이

> 우아한 삶을 동경하지만, 가난한 공무원과 결혼한 여인, 마틸드 루아젤 무도회에 가기 위해 친구로부터 빌린 값비싼 목걸이를, 무도회가 끝난 후 잃어버린다. 그 후, 목걸이로 인해 진 빚을 갚느라 10년간 고단한 삶을 살게 되어 늙고 억척스러운 모습으로 변해 버렸다. 하지만, 우연히 옛 친구를 만나 자신이 잃어버렸던 그 목걸이가 값싼 모조품이라는 사실을 알게 되는데…

위와 같은 일이 삶에서도 재현된다. 결혼 당시 5캐럿 다이아몬드 반지를 선물 받아 기뻐한 신부, 3년 후 형편이 어려워지자, 반지를 팔기 위해 귀금속 가게를 찾았다. 알고 보니 '큐빅'이었다. 돌아오는 길에 남편을 원망하며… '이런 크레파스 18색'

큐빅은 다이아몬드보다 더 빛나지만, 현금 가치(cash value)는 0 (제로)다. 적립금이 없는 순수형보험이 그렇다. (물론, 단기납이라면 일정 기간 적립금이 발생한다) 종신보험은 죽지 않아도 유용한 현금이다.

3가지 특징

- 모든 사망을 보장한다.
- 다양한 100세 특약을 수납할 수 있다.
- 다목적 보험이므로 다양한 쓸모에 맞춰 설계가 가능하다.

'이 거대한 쓸모왕을 비싼 버스라고?'

"선생님, 그 버스는 날 수도 있다구요"

종신보험의 쓸모

후버 댐 이야기

> 미국 로키산맥의 콜로라도강은 유량이 많아 봄여름엔 홍수, 가을에는 가뭄을 겪고 있었다. 5년간(1931~1936년)의 공사 끝에 지어진 후버 댐(다목적)은 현재까지 수입을 이어오고 있다. 고온 다습한 날씨로 사막화가 진행되는 LA에 물을 공급하여 탄생한 할리우드, 48킬로 떨어진 라스베이거스에 전기를 공급하여 멋진 야경이 만들어졌으며, 500미터에 이르는 댐 길이는 그 자체로 장관이어서 유명 관광코스로 관광객이 끊이지 않는다.

미국은 대공황을 90여 년 전에 후버 댐을 건설함으로 슬기롭게 넘겼다. 시너지란, 여럿의 힘을 함께 보탠다는 의미다. 보험도 시너지가 나야 한다. 당신은 인생 어느 시점에 다목적 댐을 건설할 것인가? 저~멀리 65세 지점에 '다목적 댐'을 지어야 한다.

얼린 고기만 먹던 알래스카 원주민이 생고기를 맛을 보면 바로 죽는다. 맛있어서! 일 년 내내 생고기를 먹을 방법, 이것이 김치냉장고가 팔린 이유다. 또 집밥이 유행하면서 고기·과일 등을 보관하기 위해 김치냉장고가 2~3대가 있는 가정이 늘어나는 이유다. 첫 번째 용도는 오직 김치 보관이었지만, 두 번째는 다양한 쓸모다.

융통성 있는 보험

총각(종신보험)이 처녀(유니버설)와 결혼하여 통장관리를 부인에게 맡긴 사건, 이것이 '유니버설 종신보험'의 탄생 설화이다. 다시 말하면 예전 종신보험에 유니버설이란 통장 기능을 장착한 것이다. 통장 기능이란, 돈을 더 넣고(추가납입), 빼고 (중도인출), 잠깐 납입을 중단(납입유예)할 수 있는 기능이다. 왜 그리 보험이 복잡한가? 인생이 복잡하니까. 인생에 맞추려다 보니까. 그래서 유니버설 종신보험을 '인생 보험'이라 한다.

유니버설 종신보험은 융통성 있는 보험이다. '융통성'(유동성)

이 중요한 이유는 시간의 법칙을 위반하는 돌발 사건들 때문이다. 정기보험은 사망보험금 확보라는 단일 목적, 한 번 쓰고 버리는 버팀목이고, 종신보험은 다목적 보험으로 다양한 쓸모까지 생각한 디딤돌(stepping stone)이라고 생각할 수 있다.

히딩크 감독은 선수 전원을 최소 3가지 포지션에서 뛸 수 있도록 훈련했다. 이렇게 되면 11명이 아니라 선수가 33명으로 늘어나는 것이다. 상대 선수가 33명이라면 이길 방법이 없다. 또 양발을 자유자재로 사용하는 손흥민 선수, 보험의 손흥민 선수는 유니버설 종신보험이다. 보장과 저축, 질병과 사망의 경계를 넘나든다.

변형(Transform)

대부분의 금융상품은 한 번 가입하게 되면, 가입 당시 조건 그대로 유지된다. 하지만 종신보험은 도중에 '변형'되고 진화한다. 적립금을 활용하기 때문이다. 적립금이 없는 보험은 변형할 수 없다. 최초 계약이 쌓인 적립금을 활용해서 얼마든지 '변형'이 가능하므로 최초 계약 시 크기(size)를 크게 설정할 수 있다.

보험이 은행과 다른 점은 '단기납'이다. 20년납과 10년납의 차이는 할부기간의 차이랄까. 할부가 짧을수록 적립금이 늘어나고 적립금이 늘어나면 쓸모와 시너지도 커진다.

변형의 옵션들

납입유예   신청시점부터 쌓인 적립금으로 일정 기간까지 납입한다.
감액완납   감액 후 발생한 환급금으로 완납한다.
연장정기   납입을 중단하고 동일한 보험금으로 보험기간을 줄인다.
중도인출   인출액만큼 보험금이 줄어든다.
선납제도   11개월 분을 미리 납부한다.
추가납입   주보험료의 1 배(100%) 이내로 사업비 없이 저축할 수 있다.
납입면제   보험료를 안 내도 적립금이 쌓인다.

아내의 연금

> **'2020년 은퇴시장 리포트'**
> 40~50세대는 부부 노후생활비 227만~312만 원, 50대가 가장 먼저 준비해야 할 것은 ①실손보험, ②진단비, ③종신보험이란 응답이었다. 왜 연금보험이 아닌 종신보험이라고 대답했을까? 부부 중 한 명이라도 갑작스럽게 사망할 경우, 홀로 남겨진 배우자의 부담이 급증할 수 있기 때문이다. (한국경제신문 2021.5.31)

부부가 매월 국민연금 150만 원(남편 100만+아내 50만)을 수령하던 중, 남편이 사망하면, ①남편 유족연금과 ②아내 국민연금과 남편 유족연금액의 30% 중 큰 금액을 선택해야 한다. 유족연금은 가입 기간에 따라 수령액이 차이 난다.(10년까지 40%, 10~20년 미만 50%, 20년 이상 60%) 그 결과, 수령액은 150만 원에서 68만 원으로 바뀌어 매달 82만 원 손해가 난다.(연 984만, 10년 9,840만) 손실분만큼 사망보험금으로 보강할 수 있다.

①남편 유족연금 60만 원
②아내 국민연금(50만) + 남편 유족연금의 30%(18만) = 68만 원

남편 사망당시 아내(75세)의 기대수명이 90세라면, 15년간 {82만 원×180개월=1억 4,760만 원}의 손실분을 남편의 사망보험금 1억~1.5억 원으로 커버할 수 있다.

남편 사망 전	남편 사망 후
남편 노령연금 100만	아내 연금 50만 + 유족연금 18만
아내 노령연금 50만	남편 사망보험금 1~1.5억원

주택연금 수령 중 부모 사망

> '퇴직 이후 10여 년 별다른 소득 없이 살며 곶감 빼먹듯 노후자금을 빼써왔습니다. 지금 이대로 라면 모아둔 현금은 조만간 바닥날 게 불을 보듯 뻔합니다. 그러면 살고 있는 집 한 채만 덩그러니 남게 되겠죠. 사는 집을 담보로 맡기고 주택연금에 가입하며 저와 아내가 죽을 때까지 연금을 받을 수 있다 하니…'

부부가 주택(대출)연금을 수령하던 중 배우자가 사망하면, 남은 배우자가 자동 승계하고, 배우자가 없을 때는 주택을 처분하여 남는 부분은 상속인에게 주게 된다. 만약 대출잔액을 전액 현금 변제하게 되면, 주택을 처분하지 않고 상속인이 직접 상속받을 수 있다.

주택연금을 받는 도중, 요양병원에 장기 입원하거나 자녀부양으로 인해 다른 주택에 장기체류해도 실거주로 인정받는다. 주택연금은 물가상승과 주택가격 상승분까지 감안하여 설계되었다. 왜냐하면 대출금에 붙는 이자는 무시무시한 '월 복리'이기 때문이다. 20년 연 복리는 이자가 20회, 월 복리는 240회로 매월 이자가 꼬리에 꼬리를 물어, 기간이 길어지고, 게다가 금리인상기에는 기름을 부은 것처럼 걷잡을 수 없이 불어나, 현금 변제액이 대출 원금의 2배를 쉽게 넘어 버린다. 주택을 팔아도 자녀에게 돌아갈 잔액이 없는 것이다. 주택금융공사는 바보가 아니다. 손해볼 장사를 할까?

주택연금 신청은 주택가격의 장기하락 위험, 기대수명 이상 장수위험에 대비해 안정적인 월수입 확보를 위한 것과 다~ 쓰고 죽겠다는 결단이지만 집이 쉽게 넘어가게 된다. 주택연금을 받는 도중이라도 중간에 취소할 수 있지만, 취소하려면 그간 받은 연금(대출금)과 대출이자를 전액 일시불로 상환해야 한다. 이는 만만치 않은 일이므로 주택연금 신청은 70세 이후 히든 카드가 되어야 할 것으로 보인다. 가입자 부부가 기대수명 전에 사망하였고, 상속인이 현금 변제하지 못하면 주택금융공사는 해당 주택을 매각할 것이고, 함께 살던 자녀는 오갈 데가 없어진다. 그 자녀가 장애인이라면 어찌하겠는가. 주택금융공사의 매각 가격이 시세를 반영하는지 여부도 걱정이다.

월 지급금	대출이자	
초기 보증료	주택가격×1.5% (최초 가입 시 1회)	● 대출금리 = 기준금리 + 가산금리 (공사 결정, CD+1.1%, COFIX+0.85%)
연 보증료	보증잔액 × 연 0.75%	

대출총액은 ①월 지급금 누계, ②개별인출금, ③초기 보증료와 연 보증료, ①②③의 이자 총액이다. 70세 동갑인 부부가 5억 원 주택을 연 4.53%(코픽스 금리 3.68%+가산금리 0.85%)로 대출받으면, 월 이자는 약 189만 원인데, 월 연금액은 150만 원으로 매월 −39만 원의 차이가 난다. 이자와 보증료 차이일 것이다.

20년간(70~90세) 연금을 수령한 후 부부 모두 사망 시까지 받은 연금액은 3억 6,024만 원, 상환할 금액은 6억 530만 원이다. 대출금액이 받은 연금액의 거의 2배다. 20년 후 주택가격이 3%씩 상승한다면 미래의 주택가격은 9억 306만 원이다.

그때 주택 재개발, 재건축 소식이 들려오고, 주택 가격이 들썩 거린다면, 자녀는 심각한 고민에 빠지게 될 것이다. 때마침 미리 가입해둔 5억 보험증서를 발견했다면 어떨까?

장애인 자녀가 있다면...

한 해 태어나는 신생아의 10%인 4만 명이 선천이상(태아 기형, 염색체 이상, 미숙아, 다태아)을 갖고 태어나는 한국이다. 교통사고로 허리를 다쳐 하반신을 못 쓰게 됐거나, 태어날 때부터 발달장애인이라면, 부모 사망 후 안전한 생활을 위한 조치가 필요하다. 지적장애인의 재산을 가로채거나, 상속문제 등이 생길 수 있다. 알아두어야 할 세제 혜택이 있다.

장애인 신탁

장애인이 친족(배우자 제외)으로부터 증여받은 금전, 부동산, 유가증권을 증여세 신고기한 이내에 신탁회사에 신탁해 그 신탁의 이익 전부를 그 장애인이 지급받을 때는 5억 원까지 증여세가 부과되지 않는다. 단, 3가지 요건을 모두 갖춘 경우이다.

1. 「자본시장과 금융투자업에 관한 법률」에 따른 신탁업자에게 신탁하였을 것.
2. 그 장애인이 신탁의 이익 전부를 받는 수익자일 것.
3. 신탁기간이 그 장애인이 사망할 때까지로 되어 있을 것. 다만, 장애인이 사망하기 전에 신탁기간이 끝나는 경우에는 신탁기간을 장애인이 사망할 때까지 계속 연장해야 함.

부모나 조부모 등 친족이 장애인에게 재산을 증여하면 신탁회사는 고객이 정한 상품으로 자금을 운용해 그 수익을 지급하는 형태다. 은행, 보험, 증권사에서 취급하고, 지급주기는 월, 분기, 연 단위로 선택할 수 있다. 신탁보수(사업비)는 해마다 0.5~2% 정도다. 대부분 채권·정기예금과 같은 안전자산으로 운용하여 연 4-5%의 수익률을 기대한다.

신탁기간은 장애인이 살아 있는 동안, 즉 종신(終身)이므로 중도 해지 혹은 중도 인출하게 되면 증여세가 부과되니 잠깐 거치할 목적으론 부적합하다.

보험금 비과세

장애인 자녀가 수익자인 모든 보험금은 연간 4천만 원까지 증여세 비과세다. 만약 장애인이 연금으로 보험금을 수령하는 경우에는 연금개시일을 보험사고일로 보아 매년 수령하는 연금액이 연간 4천만원 이내인 경우에는 증여세가 비과세가 된다. '계약자·피보험자 = 부모, 수익자 = 장애인 자녀'로 한 연금보험에 가입하여 연간 4천만 원(월 333만)을 수령하게 만들면 된다.

7가지 쓸모

1. 장수시대가 되면서 부모님을 모시던 자녀가 먼저 사망하는 경우가 많아지고 있다. 홀어머니(80세)를 모시던 비혼 자녀(50세)가 사망하면 어떻게 될까? 홀로 남겨질 어머니의 생활비 혹은 간병비를 계산해 봐야 한다. 다행히 사망보험금이 준비돼 있었다면 안심이다.

2. 부모를 모시던 기혼 자녀가 자녀를 남긴 채 사망하면 어떻게 될까? 야구선수 조성민 씨 사망 후 상속재산인 건물이 상속법상 직계비속인 어린 남매에게 넘어갔고, 관리나 세금은 후견인인 외할머니가 해왔다. 문제는 해당 건물에 20년째 거주하며 1층 상가 임대료를 받아 생활하던 조성민 부모님이 법적으론 '무단 점유'가 되어, '갈 곳 없는 상황'에 처한 것이다. 결국, 건물은 경매를 통해 소유주도 바뀐 상태라고 전해진다. 평소 연로한 부모님을 위해 신탁제도와 수익자를 부모님으로 한 종신보험에 가입해 뒀다면 어떠했겠느냐는 아쉬움이 남는 대목이다.

3. 시부모님 퇴직금까지 빌려 영끌로 내 집 마련에 성공한 40대 초반의 신혼부부, 대출 원리금 상환을 위해 출산을 미룬 채, 맞벌이를 지속하던 중, 코로나19로 신랑이 갑작스럽게 사망했다. 그 결과 신부는 재산보다 많은 빚을 떠안게 되었다. 국민연금의 유족연금은 신부가 소득이 있다면 3년간 소액 지급될 것이고, 그나마 회사에서 나온 2천만 원의 사망보험금은 직계존속인 시부모님과 절반씩 나누게 된다.(배우자 1.5, 부 1, 모 1) 시부모님께 빌렸던 퇴직금도 남은 아내가 갚아야 할 상황이다. '자녀가 생기면 그

때야 종신보험에 가입하겠다'라는 생각은 재고(再考)되어야 한다.

4. 종신보험을 주보험 500~2,000만 원으로 설계하면 자동으로 상조보험이 된다. 상조보험 납입 중 사망하면 미납액을 일시불로 정산해야 하고, 회사가 파산하면 최대 50%만 보증한다. 어차피 사망해야 보험금이 나온다면, 종신보험 3~5만 원이면 상조보험을 대체할 수 있고, 훨씬 많은 현금을 확보할 수 있다.

5. 부모 재산이 20억 원이 넘으면 자식들이 싸운다. 재산이 많을수록 더 싸운다. 재산분배 없이 상속재산을 남기는 것은 불행의 씨앗이고 심지어 무책임한 것이다. ①자녀 한 명에겐 집, 나머지 한 명에겐 종신보험에 가입해주거나, ②집도 공동상속, 보험금도 1/2씩 배분할 수 있다.

6. 종신보험(통합보험)도 금융 플랫폼이고 계좌이다. '계좌'란 일종의 그릇이란 의미다. 추가납입도 가능하고 다양한 특약도 붙일 수 있다. 자녀의 첫출발을 부모가 선물하는 거다. 두 자녀(18세 · 15세)에게 주보험 1억 종신보험으로 비과세 통장 선물하기!

7. 치매로 요양병원에 입원 중인 할아버지(85세)를 모시던 아버지(55세)의 사망사건! 이 소식을 들은 손자는 절망에 빠진다. 남은 유학 생활을 포기해야 하니까. 이때 어머니로부터 아버지의 사망보험금 3억 원이 있다는 전화가 걸려 온다. 요양병원비가 월 300만 원이라면 3년치 요양병원비를 충당할 수 있으리라. '아! 이 보험금이 손자를 구하고, 아버지는 경제적으로 여전히 할아버지를 부양하게 만드는구나!'

단기납 종신보험

4050세대들이 은퇴 전 보험료 납입을 마무리하려면 단기납으로 가입하면 된다. 할부가 짧아지니 보험료는 높아지지만, 적립금(해지환급금)도 많이 쌓여 5. 7년납 시점 해지환급금이 100%를 넘어선다. 그럼에도 가입 후 10년만 넘으면 이자소득(15.4%) 비과세와 금융소득 종합과세에서 제외된다. 보험료가 고액이니 고액에 대한 보험료 할인과 헬스케어 서비스도 받는다면 금상첨화다. 단기납 종신보험의 비과세 요건은 저축성보험과 같이, 5년 이상 납입하고, 10년 이상 유지해야 한다. 하지만, 종신보험은 보장성보험이므로 월 납입금액이 150만 원을 초과했더라도 비과세 요건을 충족하면 세금을 내지 않는다. 다만, 종신보험 가입 후 연금전환을 할 경우에는 일시납 즉시연금으로 재가입하는 것과 같아서 인당 1억 원(월 150만 원) 한도를 초과할 경우 비과세 혜택을 받을 수 없다.

환급율을 높이는 3가지

① 체증형 상품을 선택한다. 체증형이란, 사망보험금을 일정 연령 이후 매년 높여 준다는 말이다. 많이 낸 만큼 환급금도 커진다.

② 선납제도를 활용한다. 매년 7개월분까지 선납하면 비과세를 유지할 수 있다. 미리 낸 만큼 수익률이 소폭 상승한다.

③ 주보험료만큼 추가납입 한다. 추가납입은 사업비가 거의 없는 순수 저축이다. 사망보장은 여러 목적 중 하나라는 것을 기억하자.

어느 날 남편이 죽은 후, 부인은 은행의 안전금고통을 열었다.
자기와 3명 자녀를 위해 남겨 놓은 것이 무엇인지 궁금했기에…
금고를 열었을 때 발견한 것은

'10억 원'의 가입설계서, 대출 독촉장!

상속 채무

저축의 목적이 바뀐다

자산가격 폭등과 물가상승은 자동 증세로 이어져 집값 10억 이상이면 모두가 상속세 납부대상이다. 증여·상속세는 최고 세율 50%(日 55%)이고 그것도 현금·목돈으로 내야 한다. '푼돈 모아 목돈'인데, 갑자기 어디에서 거액을 마련할 수 있을까? 못 구하면 집이 넘어간다. 국세청은 은행보다 악랄하다. 집을 팔고 파산 선고를 받아도 끝까지 추적하는 추노(追奴)꾼이다.

지혜로운 사람은 자산의 일부는 병원 소유, 일부는 국세청 소유라는 것을 알고 준비한다. 그러니 100억 자산 있다고 자랑 마라. 상속세 28억 원(실효세율)을 빼면 72억 원, 안 팔리면 0원이다. 대출받아 내면 자식은 채무자로 바뀐다. 부동산은 팔면 양도세, 증여하면 증여세다. 자동차 구입비용은 보험료까지 포함한

가격이듯, 상속세를 빼야 진짜 가격이고, 상속세까지 포함해서 줘야 진짜 상속이다.

상속세는 6개월 내 신고해야 하고 형편이 안 되면 분할납부 혹은 연부연납(증여세 5년, 상속세 10년, 가산금 연 1.2%) 해야 하며, 상속세는 상속일로부터 6개월째 되는 달의 말일까지 신고해야 한다. 납부가 지연되면 연 9.125%의 연체 이자가 추가되고, 무신고 가산세 20~40%, 과소신고 10~40%가 붙는다. 그래서 세금 내기 위해 저축하는 이들이 늘고 있는 것이다.

상속세, 숨겨진 채무

부자 3대 못 간다는 말은 상속세 때문이다. 故 이건희 회장의 상속세는 상속재산가액(18조9,633억원)의 절반이 넘는 12조 원 이상이다. 최대 주주의 상속세율은 경영권 프리미엄이 붙어 최고 60%(20% 할증 후 50% 세율 적용)까지 올라갔다. 누가 부담했나? 가족이다. 상속세는 순전히 가족의 채무다. 가족들은 평소에는 빚이 없었다. 하지만 피상속인(재산을 물려주는 사람) 사망과 동시에 세금 폭탄이 터진 것이다.

오늘 죽으면 모든 것이 유품이고, 상속재산이다. 100억 대 건물주가 상속세 대책 없이 사망한다? 단순한 사망이 아니다. 고액 채무를 가족에게 떠 안기고 떠난 것이다. 부동산은 안 팔리고, 세금을 낼 현금은 어디서 구하나? 어미는 한숨 쉰다, 자녀들은 통곡한다. 가까스로 대출받더라도 이제부터 대출 원리금 상환에 인생을 갈아 넣어야 한다. 그간 받은 임대수익은 푼돈에 불과하다. 언제 폭탄이 터질지 통계로 예측해 보자.

(2022 사망통계, 통계청)

부동산 국유화

Case I
서울 영등포에 있던 목화 예식장, 현재 영등포세무서가 있다. 상속세를 납부 못해 물납한 대표적인 사례다. 다수의 부동산이 국유화되고 있는 현실을 아는가? 하나는 주택연금 때문이고, 다른 하나는 고액 상속세로 인한 국유화다.

Case II
부모님께 상속받은 구축 아파트는 언젠가는 재개발·재건축하게 될 것이다. 대부분 용적률이 200% 이상이라면 사업진행 시 일반분양 물량이 적어 '헌 집 줄게, 새집 다오'는 커녕, 추가 분담금까지 내야 한다. 평당 2~3천만 원의 재건축이라면 고액의 대출을 일으켜야 한다. 상속받은 자녀는 상속세로 1번, 재건축으로 2번 폭탄을 맞고 빚더미 위에 앉게 된다. 이래저래 빚이다.

상속세를 납부할 현금이 부족하면, 최대 10년까지 일정금액을 납부하는 연부연납을 선택할 수 있다. 10년 연부연납은 총액의 1/11을 신고할 때 즉시 납부하고, 나머지는 매년 나누어 납부한다. 단, 국세청에 담보를 제공하여야 하고, 이자도 내야 한다.

15억 주택의 상속세

서울 아파트값이 10억 원이 넘어가면서 많던 적던 상속세 납부대상이고, 배우자가 없이 자녀 단독상속이라면 5억 원 이상 상속세 대상이다. 상속세 과표 30억 원 초과 시 상속세율은 50%다. 1천만 원도 적은 돈이 아닌데, 억대가 넘어가면 부담이 크다. 결국 대출을 받거나 매각하는 수밖에 없다.

구분	한 분 사망	홀어머니 사망	홀어머니 사망(15년 뒤)
상속재산가액	15억	15억	30억
일괄공제	5억	5억	5억
배우자공제	9억	없음	없음
과세표준	1억	10억	25억
세율	10%	30%	40%
누진공제	없음	6000만	1.6억
산출세액	1,000만	2억 4,000만	8억 4,000만
신고세액공제(3%)	-30만	-720만원	-2,520만
납부세액	970만	2억 3,280만	8억 1,480만
취득세(2.8%)	4,200만	4,200만	8,400만
상속세+취득세	5,170만	2억 7,480만	8억 9,880만

시가 15억 원 아파트라 해도, 배우자공제는 5~30억 원까지 가능하므로 배우자 단독상속 시에는 32억 원(배우자 30억+기초공제 2억)까지 면세점이다. 자녀가 없으면 일괄공제(5억)를 받을 수 없기 때문에 기초공제만 적용한다. 하지만, 배우자 없이 자녀 단독상속 시에는 억대의 상속세가 부과된다. 만약 아파트가 재개발·재건축으로 시세 상승이 이뤄지면 어떻게 될까? 반면 15억 원을 사전증여 시 증여세는 4억 6,074만 원이다. 형제가 2명이라면 재산을 나누면 세율이 떨어진다.

상속세를 낮추는 7가지

① 자녀 명의의 가족법인을 설립한 후 가수금을 활용하여 상속재산 가액을 '현 시점'에 고정한다.(※가수금=회사 자금 부족으로 법인 대표가 개인 자금을 회사에 빌려주는 돈.)

② 며느리, 사위, 친·외손자녀 등 상속인 이외의 자에게 사전증여로 과표를 낮춘다.

③ 아파트, 건물의 토지분, 주식 등 향후 가격 폭등이 예상되는 재산부터 증여한다.

④ 손자녀에게 직접 증여하여 노노(老老) 상속을 예방한다.

⑤ 면세점 이상으로 증여하여 상속과표를 낮춘다.

⑥ 금리인상으로 자산가격이 하락할 때를 놓치지 않는다.

⑦ 장애인 자녀가 있다면 '장애인 신탁'을 이용한다.

※ 정부는 결혼자금 증여에 한해 신혼부부 1인당 1.5억 원 확대 예정.

80억 상가건물 상속세

구분	부부 중 한 분 사망	배우자 사망	배우자 사망(10년 후)
상속재산가액	50억	50억	74억
일괄공제	5억	5억	5억
배우자공제	16억 7,000만	없음	없음
상속과표	28억 3,000만	45억	69억
세율	40%	50%	50%
누진공제	-1억 6,000만	-4억 6,000만	-4억 6,000만
산출세액	**9억 7,200만**	**17억 9,000만**	**29억 9,000만**
신고세액공제(3%)	-2,916만	-5,370만	-8,970만
납부세액	9억 4,284만	17억 3,630만	29억 30만
취득세 (2.8%)	1억 4,000만	1억 4,000만	2억 720만
상속세 + 취득세	**10억 8,284만**	**18억 7,630만**	**31억 750만**

상속세 대책의 0단계는 예상 상속세를 계산해 보는 것이다. 예상 금액을 아는 것은 상속세에 대한 막연한 공포를 예방할 수 있고 보다 명확한 재무 목표를 설정할 수 있기 때문이다. 상속세는 전체 유산에 대한 누진세율로, 연대납세의무까지 있다. 자산가 자녀 중에는 부모의 자산상속만 믿고 특정한 직업이 없는 경우가 꽤 있다. 무직인 형제 중 상속세를 납부하지 못하면, 나머지 형제는 주거래 은행 계좌압류 통보를 받게 되고, 급기야 형제간 구상 청구 소송까지 가게 된다.

상가건물은 기준시가를 기준으로 상속세와 취득세가 발생한다. 기준시가는 시세의 50~70%이므로 상속재산가액 50억 원, 부모님 모두가 사망할 경우, 약 18억 원의 상속세를 3형제가 10년간 연부연납으로 낸다면, 인당 매년 1.8억 원씩 상속세를 부담하게 된다. 건물 임대료 수입이나, 직접 점포를 운영한다면 부담을 낮출 수 있을 것이다. 그러나 10년 물가상승 4%(1.48배)를 가정하면 상속재산가액이 74억 원으로 증가하여 상속세·취득세도 31억 원으로 증가한다. 이 '재앙'을 피하고자 사전증여로 상속세율을 최대한 낮추고, 부모님 나이가 80세 이하라면 종신보험(혹은 정기보험)으로 갑작스러운 사망에 대비해야 한다.

50%	30~50억
40%	10~30억
30%	5~10억
20%	1~5억
10%	~1억

　죽음에 임박해서 고액의 상속세가 부과된다는 사실을 깨달으면 늦는다. 상속개시일 전 10년 이내에 상속인에게 증여한 재산가액을 합산하기 때문이다.(상증세법 제13조) 상속인 외의자에게 증여하면 합산기간을 5년으로 단축할 수 있다. 상속인 외의자란, 피상속인의 배우자와 자녀(선순위)가 아닌 며느리, 사위, 친·외손자녀 등 말한다.

　며느리에게 사전 증여하고, 6년 되는 해에 사망해도 상속재산에서 제외되고, 그 며느리가 다시 아들(며느리의 남편)에게 부부간 증여하면, 6억 원까지는 증여세가 부과되지 않는다. 결론적으로, 30억~50억 구간의 50% 세율을 낮추려면, 며느리 손자에게 각각 5억 원씩 총 10억 원을 사전 증여하면 증여세는 2억 원(20%)이므로 상속세 3억 원을 절세하게 된다.

증여재산 공제

증여자	배우자	직계존속(성년)	직계비속	기타 친족
공제한도	6억원	5000만	5000만	1천만원

· 기타친족 : 6촌 이내 혈족, 4촌 이내 인척
· 세대생략 할증 : 자녀가 아닌 직계비속(손자)은 산출세액의 30%, 미성년자이면서 증여재산가액이 20억 원 초과 시 40% 할증

생전에 증여하려면, 큰아들에게 건물관리를 맡긴 뒤 아들 3명에게 3분의 1씩 증여한 후 임대료 수익과 지출은 신탁에 맡겨 아들들이 필요경비를 제외한 각자의 배당금을 직접 수탁기관으로부터 수령하도록 할 수 있다. '신탁'이라는 제도를 활용한다면 부동산 상속개시 후 불필요한 잡음을 줄일 수 있다.

주목할 상속설계

부친 사망으로 인한 '사망보험금'은 상속재산이 아닌 상속인의 고유재산이다. 사망 후 3개월 이내 하게 되는 상속포기신고 또는

한정승인을 했더라도, 별도로 수령할 수 있고, 수령한 사망보험금을 부친(피상속인)의 채권자들에게 변제하는데 사용하지 않아도 된다.

Case Ⅰ. 상속세 재원마련
① 피보험자 사망 시, 사망보험금은 상속재산이 아니므로 상속세 '0'(제로)이다.
② 계약자 사망 시, 기납입보험료와 해약환급금 중 큰 금액에 대해 상속세 납부. (금융재산공제)

> **Case Ⅰ**
> 계약자 : 아들(35세)
> 피보험자 : 아버지(65세)
> 수익자 : 아들(35세)

Case Ⅱ. 손자에게 직접 증여(세대 생략 증여)
① 피보험자 사망 시, 손자(수익자)에게 사망보험금이 지급되고 상속세가 과세된다.

② 계약자 사망 시, 계약자를 손자로 변경할 경우, 유언 공증이 필요하고, 기납입보험료와 해약환급금 중 큰 금액의 130%에 대한 증여세를 납부한다.(20억 원 초과 시 40% 할증과세) 이 경우에 나중에 아들이 사망할 때, 손자는 상속세 없이 보험금을 수령할 수 있다.

> **Case II**
> 계약자 : 아버지(85세)
> 피보험자 : 아들(52세)
> 수익자 : 손자(18세)

	계약자	피보험자	수익자	보험사고	과세관계
1	남편	남편	아내	남편 사망	상속세 ○ (간주상속재산)
2	아내	남편	아내	아내 사망	상속세 ○
				남편 사망	상속세 ×

Power thinking

1. 아들아, 집을 물려주긴 힘들 것 같다. 건강하면 100세까지 살아야 하고, 간병 상황에서는 그 집을 팔아 다~써야 한단다.
2. 8남매면 뭐해? 아무도 효도하지 않으면 무자식이지. 간병보험은 자신 인생의 최종 수익률을, 종신보험은 가족의 최종 수익률을 결정한다.
3. 암, 상해보험은 내 문제 해결, 간병보험과 종신보험은 가족 문제 해결이다.
4. 효심 깊은 외아들의 미래는 85세 아버지를 10년째 간병하는 55세 슬픈 이혼남!
5. 유전자는 총알, 습관은 방아쇠, 가족력은 보험금 탈 가능성이다.
6. 몸이 병원비 청구서를 계속 발행하면, 당신의 보험증서는 보험금을 계속 발행하고….
7. 거지는 다음 끼니를, 연금보험은 마지막 끼니를, 종신보험은 가족의 끼니까지 걱정한다.
8. 평소 보험을 싫어한다던 그도, 막상 사고가 나니 손해사정사부터 찾더라.

9. 왜 보험과 싸우려고 해요? 오히려 보험과 한패가 되어야지.

10. 20년납은 물건을 240번 사는 것이다. 매년 보험료가 인상되면 240번 다~오르는 거야.

11. 병원에서 치료받았는데, 돈(진단비)이 남는다면 치료를 망설일 필요가 있을까?"

12. '일상생활 배상책임'담보는 월 1,000원에 불과하지만, 휠체어를 타고 가다가 차량을 긁거나 실수로 부닥치거나, 시각장애인이 길을 가다 손해를 끼치면 1억 원까지 배상받는다.

13. 통계는 '드러난 위험', 병원비는 보험 숙제 안 한 '체벌금', 진단비는 메마른 대지를 적시는 '진짜 단비'다. 자~건강에 자신 있는 사람....손?

14. 6인실 암 병동은 항상 시끌시끌하다. 누가 보험금을 얼마나 더 탔나, 라는 비교로!

15. 대한민국 국민의 진짜 신분증은 주민증, 면허증이 아닌 통장 잔고와 보험증서들이다.

16. 자식에게 병원 좀 데려다 달라, 쉽게 말할 수 없다면 대

신 자녀에게 간병비로 효행상금(孝行償金)을 듬뿍 지불하면 되지 않을까?

17. 남편은 일에 치여 밖에서 죽어가는 관악 협주단. 전업주부는 원불교(원망, 불평, 교만)면 안 되지 않는가? 남편의 노후가 고생 끝에 낙이 되도록, 아프면 충분한 치료를 받도록 해야 하지 않는가?

18. 열차 내 방송이 들린다. "이번 역은 간병 지옥, 간병 지옥 역(驛)입니다." 기관사가 마이크를 잡는다. '내리면 위험하니 무정차 통과합니다.'

19. 암 보험금 1억, 청구하며 뿌듯해한다. 사망보험금 5억, 가족이 청구할 때 어떤 느낌일까?

20. 보험은 가족에게로 지출의 방향을 바꾸고. 다가올 시간을 내 편으로 만드는 것.

21. '나무를 심으면 자기 자식, 손자 대까지도 수확이 안 된다. 그런데도 당대에 본전을 뽑으려고만 하니 좋은 나무가 없는 것이다.'_이건희 회장

22. "나의 모든 금융능력은 철학에서 나왔다."_조지 소로스

23. Pay yourself, first! 자신과 가족에게 먼저 지출하라.

24. 은행은 비가 올 땐 우산을 팔고, 해가 떠오를 땐 우산을 뺏는다. 보험은 인간이 불행에 처했을 때 돈을 주는 유일한 제도다. _마크 트웨인

25. "천국으로 가는 승차권에는 지옥에서의 단기 체류도 포함되어 있다."_Caroline Casey

26. "너는 전략으로 싸우라, 승리는 지략이 많음에 있느니라." _모사드(MOSSAD)의 좌우명!

27. "무사히 귀환하는 법도 훈련해야 한다." _영화 TOP GUN Maverick 대사 中

28. "누구나 계획을 갖고 있다. 그들이 맞기 전까지는!" _ Mike Tyson

29. 덴마크 보청기 회사, 보청기를 끼는 이유는? 아내에게 '사랑한다' 말하려고.

30. "승리하는 군대는 먼저 이길 수 있는 조건을 갖춘 뒤에 싸우고, 패배하는 군대는 먼저 싸우고 나서 요행히 승리하기를 구한다."_손자 병법

CHAPTER 06

보험,
내 가족의 곳간

―

내가 살 만큼 훌륭한 것이라면
이웃에게 권할 만큼 훌륭하다는 것이다.
_앤드루 카네기

―

"당신의 보험증서가

절망에 빠진 가족을 돌보도록,

위안이 될 한줄기 빛이 되기를,

간절히, 또 간절히!"

시공간 여행

3명의 기도

> 자녀가 기도한다. "경제적으로 자립할 때까지 아빠가 건재하시기를. 부모의 노후 준비가 잘 마무리되어 내게 부담 주지 않기를."
>
> 아내도 기도한다. "내 남편은 죽으면 안 된다. 최소한 지금은 안 된다. 전문가가 잘 설득해서 생활고로 인한 재혼을 막고, 소중한 일상이 지켜 지기를."
>
> 노인도 기도한다. "젊은 나여, 제발 이 빈곤한 삶을 바꿔 주시기를."

신은 사람을 통해 일한다.(마르틴 루터) 잘~들어보라. 마음의 걸리는 문제가 자꾸 생각나는 현상, 누군가 문을 두드리고 있는 것이다. 당신의 보험증서는 3명의 기도에 대한 응답이다. 그들이 당신에게 외치는 소리도 들어보라. "감사해요. 역경에 처해서도 능히 이길 힘을 주셔서!"

세상의 신음소리를 보다

장면 1
탁자 위에 놓인 생명보험 증서를 보고 있는 한 남자. 그는 자신의 죽음을 보고 있는 것이다. 자신의 장례식 장면, 그리고 남겨진 아내와 자녀 두 명이 이 증서를 꺼내 보는 장면이 겹쳐진다.(flash-forward) 이윽고 다시 돌아와,(flash -back) 죽음으로 초래될 결과를 통제하기 위하여 생활비와 자녀 양육비, 교육비를 배치하고, 자녀들이 서로 싸우지 않도록 자산도 배분한다.

장면 2
암 보험증서를 뚫어지게 보는 여자. 갑작스러운 암 진단으로 당황하는 자신의 모습이 들어온다.(flash-forward) 순간 당황하며 '얼마나 놀랐을까?' 중얼거리고 있다. 다시 돌아와.(flash -back) 치료에 전념하기 위해 얼마가 필요한지, 어느 부분을 보강할지 고민한다.

플래시 포워드(Flash-forward)는 드라마 도중 갑자기 미래의 장면을 훅~끼워 넣어 일어날 일을 미리 보여 주는 복선 역할로 문학과 영화의 중요 기법이다. 플래시 백(Flash back)은 관객을 다시 현실로 되돌린다. 보험증서가 플래시 포워드이다.

사람들은 자신의 보험증서를 통해 자신과 가족의 신음(moaning. 앓는 소리)을 볼 수 있다. '소리'는 듣는 것인데, 어떻게 볼 수 있을까? 이것이 관세음(觀世音)의 의미, 즉 세상의 신음 소리를 보는 것이다. 듣는 것은 단순히 인식하는 것이지만, 보는 것은 깊이 이해하고, 해결책을 고민하는 것이다.

관세음(觀世音)이란, 도교에서는 '어머니'의 모습으로, 불교에서는 1,000개의 손과 1,000개의 눈으로 괴로움, 상처, 아픔, 병, 재앙 등 인간의 생로병사를 있는 그대로 보고 위로와 구제로 고통받는 이들을 돌보며, 사람들에게 바른길을 제시하는 역할이다. 생각이 정리되지 않을 때, 적어보라. 문서와 내가 서로 교신하면서 해결책도 떠오를 것이다.

오산학교 교장이셨던 철학자 다석(多夕) 유영모 선생이 말한다. '인생은 죽음으로부터!' 내 죽음을, 내 노후를, 암 환자인 자신을 당당히 마주하여 바라볼 수 있는 정신, 이것이 인생철학의 핵심이다. 문제를 피하지 않고 당당히 맞서면 이상하게도 힘이 생긴다. 스티브 잡스는 '죽음을 기억하면 정말 중요한 것만 남는다.'고 했다. 그렇다. 보험을 통해 당신은 자신과 가족을 보살피는 어른의 세계로 들어가는 것이다. 그래서 나무 관세음 보험!

아이언 맨의 죽음

> "어제 꿈을 꾸었는데… 내리막길에서 브레이크가 파열된 자동차가 굴러 떨어지고 있었어. 내리막길 끝에는 당신 가족들이 있거든. 그때 아이언 맨이든, 스파이더 맨이든 나타나 줘야 하는데… (어제 들은 이야기인데… 아이언 맨이 죽었더라고, 즉 보험을 해지해 버렸다고)"

이 글을 문자로 발송한 날, 삼성화재에 근무하는 설계사에게서 연락이 왔다. 자신의 고민을 누구에게 들었느냐고 말이다. 칼 융과 키에르케고르는 이것을 동시성(同時性)이라고 표현한다. 누군가에게 일어난 일이 당신에게도 일어날 수 있다는 것이다.

제조업 관리직으로 근무하던 G씨(당시 65세), 신입 직원에게 기계 작동법을 알려 주다 그만 프레스에 양손이 절단되는 사고를 당했다. 평생 장애로 살아야 하는 것도 고통이지만, 그보다 노후 준비가 안 되어 있는 상태에서 수입 능력을 잃는 것이 가장 두려웠다. 안타까운 것은 가입해 놓은 보험 중 '상해후유장해' 담보에서 4억 원의 보험금이 날아가버린 것이다. 8개월 전 적립금(환급금)이 전혀 없는 순수형 보험이고, 보험금 받을 확률이 적다는 젊은 설계사 말을 듣고 월 보험료 4~5만 원에 불과한 보험을 그만 해지해버린 것이다.

이런 일은 흔하게 일어날 수 있다. '오늘 남편이 암 진단 통고를 받았다. 즉시 수술과 항암치료 일정도 나왔다. 보험증권을 찾았다. 아뿔싸, 지난달 해지해서 써버렸는데... 남편은 아직 모른다. 해지하고 다시 가입하려 했는데...'

보험은 부자보다 가난한 이에게 더 유용하다. 가난한 이들은 몸을 쓰는 일에 종사할 가능성이 크고, 훗날 신체 질병으로 이어질 수 있기 때문이다. 오토바이 사고 당시 가수 강원래 씨의 나이는 31세(69년생), 100세까지 70여 년을 장애인으로 살아야 한다. 상실 소득을 보상하는 자동차 사고가 아니었다면 더욱 절망했을 것이다.

대화 엿듣기

콜레라가 말했다. "그동안 우리의 제물이었던 수많은 인간이 보험에 가입하였고, 그로 인해 면역력이 회복되어 완쾌되었다고 하네." 장티푸스가 말했다. "그렇다면 생명보험 설계사부터 무찔러야 하겠네."

낮말은 새가 듣고 밤말은 쥐가 듣는다. 불행이란 놈은 눈치 빠르고 마음마저 들여다본다. 성경에는 '나의 두려워하는 그것이 내게 임하고 나의 무서워하는 그것이 내 몸에 미쳤구나.'라는 구절이 나온다. 두려움과 걱정은 미래를 미리 내다보는 예언적 선고다. 보험은 그 무서운 가능성을 보험금을 탈 가능성으로 바꾼다.

불행을 다루는 방식

당신은 생로병사에 관심이 없을지 모르지만, 생로병사는 당신에게 아주 관심이 많다. 불행은 우는 사자와 같아서 보험 미 가입 시기 혹은 보장 공백기를 노리고 기회가 오면 속전속결로 처리해 버린다. 수지타산도 따진다.

하지만 보험증서를 보면 화들짝 놀라며 '아이 재수 없어. 오늘 장사 망쳤다'며 전의를 상실한다. 사자를 강아지처럼 다루는 조련사와 그에게 애교를 떠는 사자를 떠올려 보라. 이것이 보험증서가 불행을 다루는 방식이다.

보험이란?

환전(exchanging money)

생명보험(life insurance)은 말 그대로 인생(life), 보증(insurance)이고, 보험증서는 '인생 보증서'가 된다. 금(金)을 사면 보증서를 주듯 보험에 가입한 당신은 금(金)이고, 보험증서는 첨부 보증서다. 왜 가입했지? '보험금 환전'이다. 핵심은 보험료가 아니라 '보험금'이다. 보험회사가 아니다. 보험금 회사다. 보험증서가 아니다. 보험금 증서다. 보험 가입이 아니라 보험금 준비이다.

> **지역 화폐란?**
> 지역 경제 활성화를 위해,
> 지방자치단체가,
> 운영 대행사를 선정해서,
> 지역 내에서만 통용되는,
> 'OO사랑 상품권'
>
> **보험 화폐란?**
> 내 가정의 재정안정을 위해,
> 가장(家長)이,
> 금융회사를 선정해서,
> 가족만을 위한,
> '가족사랑 상품권'

보험증서. 가족의 역사 기록

보험증서는 보전 가치가 있는 가족의 역사 기록물이다. 단순한 가계도만 표시하는 족보의 문제를 완벽히 해결한다. 예를 들어, 수익자가 누구인지 알면, 재산이 어디로 흘러가는지 알 수 있다.

보험증서는 혹시 모를 비극의 시나리오를 조작한 새 각본이다. 가령, 독거노인 A 씨(90세. 여)가 3남매 중 막내아들(60세)에게 간병을 부탁하며, 3억 종신보험의 수익자로 지정했다. 1년 후 A 씨는 사망하였고, 간병으로 직장을 그만두었던 아들은 사망보험금 3억 원을 수령하여 삶을 이어 간다는…

엔딩 크레디트

주제	감독	작품 의도	주인공	배우	드라마 작가
보험금	계약자	인생의 성공	수익자	피보험자	담당 설계사

※ 클로징 크레딧(closing credits. 종영자막) 영상이 끝나고 제작 참여자들의 명단이 나열되는 것, 이들의 숨은 역할과 공헌에 대한 감사를 표시한다.

공산당 입당원서

성경에는 물고기 2마리와 보리빵 5개로 5천 명을 먹인 기적이 나온다. 이것이 공정한가? 도시락을 안 싸 왔으면 굶어야 공평하다. 또 포도원 농부 이야기는 어떤가? 오전에 온 알바도 1달란트, 오후에 온 알바도 1달란트, 퇴근 1시간 전에 와도 1달란트다. 이것도 공정하지 않다.

보험도 1회 보험료로 억대의 일확천금(一攫千金)을 만든다. 이것은 은행 자본주의에 대한 반란이자 사회주의 사금융 아닌가. 최초의 사회보험제도는 1889년 독일 비스마르크가 사회주의의 확산을 막기 위해서 도입했다. 서민을 돕는 정부 정책도, 보험 상품도 다~ 공산당이다. 자~당원 가입 좀 하자.

차용증서

보험금은 보험회사 입장에선 채무, 수익자 입장에선 채권이다. 개인 간 채무·채권 관계가 아니라 상법에 명시된 공적 관계다. 누가 갑인가? 채권자다. 누구의 부담이 더 큰가? 채무자다. 보험증서는 현금 채권이고, 일부 담보는 반복해서 쓸 쿠폰 북과 같다. 약관에 명시된 몇 가지 사항만 아니면 회사는 절~대 해지할 수 없다. 해지하지 않으면 보험금을 청구할 수 있다.

미국에서 많이 이루어지고 있는 생명보험 전매제도(lifesettle-ment)의 경우, 보험증권을 아파트 분양권처럼 전매회사로 되팔 수 있다. 전매회사가 가입자 대신 보험료 납부를 완료하고, 가입자가 사망하면 보험금을 받는다. 미국, 독일에서 시행 중이고, 중국에서도 2018년부터 2년간 시범 실시되고 있다.

예를 들어 종신보험에 10년동안 보험료를 낸 가입자가 만기 전에 목돈이 필요해 보험을 해지하면 환급금이 낸 보험료의 60% 수준이거나, 아예 중도해지시 환급금이 없을 수도 있다. 하지만 전매회사에 넘기면 그 이상의 금액을 받게 된다. 전매회사는 만기까지 보험료를 납부한 뒤 가입자 사망 시 보험금을 받아 수익을 낸다. 우리나라는 아직 시행되지 않았지만, 가족 내에서는 가능하다. 자녀에게 넘기면 되는 것이다.

    국고채   정부의 차용증서(채권)
    회사채   기업의 차용증서(채권)
    금융채   금융회사의 차용증서(채권)
    보험증서 보험회사의 차용증서(조건부 채권)

보험료의 의미

자동차 사고 현장의 구급차를 보고 돕고 싶었지만 바빠서 그냥 귀가한 A 씨, 심한 죄책감을 느꼈다고 한다. 그러나 자책할 필요 없다. 그들이 탄 구급차 비용은 세금으로, 자동차보험에서 나오는 보험금 안에는 당신의 기부금(보험료)도 들어 있으니까. 보험료를 분담함으로 이름 모를 이웃을 돕고 있는 것이다. 1만 명이 오직 날 위해 모금하고, 나 또한 1만 명 안에 포함된다.(One in many, many in one.)

　　1억 보험금 안에는 옆집 김 씨, 이 씨, 제주도 고 씨, 박 씨… 이들의 보험료가 다 들어 있는 것이다. 보험이란, 대한민국 모든 동포가 나의 가족임을 알게 해주는 이상한 제도이다. 굳이 보험에 가입하여 돈을 낸 이유는 이것이다. 큰 위험은 회사로 넘기고, 소액의 보험료 부담만 지겠다. 가입한 시점부터 '설마, 만약, 혹시'를 없애 버리겠다. 가입한 이후부터 늙어도 노약자가 아니라 노강자(老强者)다.

'개인 보험'이란?

가족 사랑과 이웃을 돕는 인(仁) 보험.
충분히 이해한 후에야 비로소 가입하게 되는 인(認) 보험.
독학이 불가능하니 누군가 이끌어 주어야 하는 인(引) 보험.
가입 시점에 보험금이 확정되는 인(印) 보험.
보험사와 결혼하는 인(姻) 보험.

납입의 고통이 따르는 참을 인(忍) 보험.
내 가정의 재앙을 끊어내는 인(刃) 보험.
선한 이웃(善隣)이 되는 인(隣) 보험이다.

생명보험은 '사람의 생존 또는 사망'에 대하여 '약정한 금전'을 지급한다. 사망만이 아니라 생존위험도 보장한다. '약정한'이란 말은 보험금이 가입 시점에 결정된다는 의미다.

손해보험은 위험보장을 목적으로, 우연한 사건으로 발생하는 손해에 관하여 금전을 지급한다. 손실 부분만 보상한다. 그 이상은 한 푼도 안 준다.(이익 금지의 원칙) 자동차보험을 20개 가입하여 부자가 된 사람은 없다. 생명보험은 재산을 만들고, 손해보험은 그 재산을 지킨다.

청약서 서명식

청약서란, 부모가 묻고 시간이 지나 자녀가 열어 보는 타임캡슐이다. 이 캡슐(청약서) 안에는 가족에게 '중요한 내용'(Top secret)이 담겨 있다. 앉은뱅이(후유장애, 수술비)를 일으키고, 장님의 눈(백내장 진단, 수술)을 뜨게 하는 의료 상황, 가장이 없을 때 행동요령 등이다. 마지막으로 가족에게 연애편지를 써보는 거다. "설사, 아빠가 이 세상에 없는 순간이 오더라도, 우리 가족, 당황하지 말고 '아빠의 비밀창고'를 열어 봐요. 일금(一金) 3억 원!"

누가 (who)	건강한 내가,
언제 (when)	지금부터 송금을 시작한다.
어디로 (where)	역경에 처할 시점으로,
무엇 (what)	각각의 현금이 필요한 시점으로,
왜 (why)	그래도 형편이 괜찮을 때,
어떻게 (how)	보다 효율적인 보험으로!

설계 전략

우문현답(愚問賢答)

이웃	"보험은 어떻게 가입해야 하나요?"
멘토	"수익자가 누구인가요? 수익자에게 직접 물어보세요."
이웃	"사망보험금은 얼마나 준비해야 하나요?"
멘토	"선생님의 몸값이 얼마나 되시나요?"
이웃	"어떤 상품이 좋은가요?
멘토	"설계사가 가입하는 상품을 찾으세요. 다른 회사 설계사도 찾아와서 가입하는 상품이라면 더더욱."

자동차를 사려면 누구에게 물어야 할까? 정비사들이 추천하는 차는 '소나타'였다. 이미 검증이 끝난 차라고 한다. 여기에 꼭 필요한 편의사양을 다 넣는다고 한다. 이번에는 의사와 간호사에게 어떤 보험이 필요한지 물었다. 실손보험과 간병보험이라고 한다.

가난한 자는 먹고살기 바빠 병을 키우고 희귀난치성 질병도 많다. 병원을 자주 이용하기에 반복적으로 지급되는 담보가 유용하다. 반면, 부자는 건강검진센터를 이용하여 조기 발견으로 고액의 진단비를 받는다. 보험은 가난한 이에게는 아프면 찾는 것, 부자에게는 아프지 말라고 찾는 것이다. 재무설계사가 추천하는 담보는 단연 '진단비'이다. 진단비는 치료 여부와 관계없이 지급되므로 통장에 두고 맛있는 음식도 사 먹을 수도 있고, 병원까지의 택시비 등 활용 가치가 크다는 대답이다.

뭣이 중헌디

하층민	국민건강보험만 가입하다 때가 되면 저축한 모든 돈을 병원에 기부한다.
서민층	실손보험과 소액 진단비까지 가입하다 본인부담금. 치료기간 중 수입 상실, 간병비 부담으로 하층민으로 추락한다.
상류층	고액 사망보험금, 진단비, 헬스케어까지 준비함으로 어느 순간 재산이 늘어난다.
최상위	보험금으로 상속대책과 재산을 추가한다.

국민건강보험의 본래 취지는 의료보장, 장기간병은 물론 그로 인해 발생하는 소득의 상실까지 보상하는 것이다. 현실은 '부분 의료비 보장'(Medical expense insurance)에 머물러 있어 보험으로 간병과 소득 상실을 커버해야 한다. ①사망 및 후유장해담보 ②암, 뇌혈관질환, 심장질환 등 3대 진단비 ③간병치매보험을 튼튼히 해야 한다.

실손보험은 병원에서만 통하는 반복 쿠폰,
진단비는 병원 밖에서도 사용할 일회용 쿠폰이다.
진단비(정액보험)는 아빠, 실손보험은 엄마다.
진단비가 부족하면 한 부모 가정과 같다.
실손보험은 치료, 질병보험은 완치,
연금보험은 예방, 종신보험은 가문의 백년대계다.

위험관리의 3 원칙

보험금을 탈 확률이 높은 골절, 입원, 수술비부터 가입해야 할까, 아니면 확률이 낮더라도 재난이 될 사망, 장해, 중대 질병부터 가입해야 할까? 순서에 연연하지 말고, 우선 시작한 후 보강하면 된다. 3가지 원칙이 기준점이다.

① 작은 위험은 감수한다. (위험 감수)
② 큰 위험은 전가하고 관리한다. (위험 전가)
③ 감당 못 할 위험은 회피한다. (위험 회피)

지출의 4 원칙

첫째. 동일 지출의 최대 효과를 내는 것이다.
둘째. 비싸도 필요한 것은 반드시 사고, 아무리 싸도 필요치 않으면 절대 사지 않는다.
셋째. 잘못된 지출은 당장 중단하고, 지출을 재조정한다.
넷째. 소탐대실(小貪大失)하지 않는다.

가장 중요한 것은 소탐대실 대신 대탐소실(大貪小失), 큰 것을 위해 작은 것을 잃는 것이다. 소탐대실의 사례를 알아보자.

① 공금 100만 원을 유용하다 적발되어 연봉 1억 직장을 잃었다.
② 고배당을 노리고 지역 금고 출자금에 투자하다 파산으로 원금을 잃었다.
③ 전세보증보험료를 아끼려다 결국 전세금을 날렸다.
④ 자차 보험료 아끼려다, 사고를 내 20년 치 보험료를 날렸다.
⑤ 보험료가 아까워 '납입면제'를 생략했다. 치료 중 잔고 부족으로 실효되었다.

대차대조표 & 손익계산서

보장성 보험료를 급여의 8~15% 이내로 가입하라고 선동하는 재테크 전문가들, 과연 알고 떠드는 것일까? 월수입 500만 원의 8~15%는 월 40~75만 원이다. 이 금액으로 4인 가구의 보장설계는 쉽지 않다. 결국 보험금은 심은 대로 거둔다는 원칙에 따라야 한다.

대차대조표는 그 시점의 통장 잔고만 보는 것이고, 손익계산서는 1년 전체의 손익을 따진다. 보험분석을 할 때는 대차대조표가 아니라 인생 전체의 손익을 따져야 한다. 보험은 재산형성이니 일정기간 생활비 중 보험료 비율이 올라가더라도 '과도하게' 납입할 때가 있다.

실손보험의 미래

매년 실손보험의 손해율 130%에 비해 매년 보험료 인상률은 16% 전후다. 보험사 적자가 더 커지면 5세대, 6세대 상품이 나올지 의문이다. 10년 뒤 최대 이슈는 '실손보험료 인상', 20년 뒤에는 '판매 중단'이 될 것이다. 그럼에도 실손보험은 당장 혜택은 못 볼지 모르나 65세 이후에는 본전 이상 뽑게 되므로 잘 유지해야 한다. 고액 치료비일수록 본인 부담이 늘어나므로 정액보험을 준비하여 보완해야 한다.

보험금으로 보험료를 낸다.

골다공증 환자의 97%는 여자이다.(건보. 2015~2019년) 골다공증 환자는 골절 진단비를 받을 가능성이 높다. 특히 50대 이후는 폐경 이후 잦은 질병에 시달리므로 보험금 받을 확률이 더 높아진다. 골절 진단비를 1번만 타도 그간 낸 총 보험료를 넘어가기에 '보험금 재테크'라 부른다. 가족 인당 100만 원의 골절진단비가 있다면 받은 보험금으로 다른 보험의 보험료를 납부하는 상황이 펼쳐진다. 형제의 우애처럼, 이 보험이 저 보험을 돕게 하라.

암 보험, 나빠요~

암 진단비 1억에 가입해두었는데… 암에 안 걸리면 어쩌지? C 질병코드를 못 받으면 단 한 푼도 나오지 않는다. 이럴 땐 암보험이 가장 나쁜 보험이 되고 만다. 대(大)는 소(小)를 포함하는 것이다. 암만 보장되는 보험과 암도 되는 보험 중 어떤 것을 선택해야할까? 보장범위는 넓을수록 좋다. 보험에서 '일반'(general)이란 말은 '모두, 전부, 다~(all risk)'로 바꿔 읽어야 한다.

(일반) 질병 수술비 = 티눈 수술도 질병이면 지급한다.
(일반) 입원비 = 어떤 입원이든 지급한다.
(일반) 후유장해 진단비 = 어떤 장해이든 지급한다.
(일반) 사망보험금 = 어떤 죽음이든 지급한다.

(일반) 연금보험금 = 숨만 쉬면 지급한다.

간편(유병자) 보험

30~59세 3명 중 1명은 고혈압, 당뇨 환자이고, 65세 이상 40%는 고지혈증 환자다.(건보. 2020) 가입이 어려운 병력자라는 의미다. 본래 아픈 사람은 가입 대상이 아니었다. 이젠 간편보험 출시로 아픈 사람도 가입 대상이다. 통계와 재보험의 발전으로 위험이 세분되면서 병력자에게도 문이 열렸고, 과거에 없던 혁신적인 보험상품이 나오고 있다.

은행도 신용점수가 하락하면 가산금리가 추가되듯 유병력자에게 '안전 할증 보험료'가 붙어 가능해진 것이다. 비싼 만큼 보험금 지급확률이 높은 것이고, 보험금을 못 타면 다~적립금에 포함될 것이니 저축하는 셈 치고 시작하면 된다.

최저가 공동 구매

막 태어났을 때가 보험료가 가장 저렴하다. 하지만, 태아가 어떻게 청약서에 서명할 수 있는가? 부모가 미리 준비해서 주면 된다. 보험상품은 매년 보험나이가 바뀌면서 항상 품절(Sold out)이다. 중고 거래도 안 된다. 오직 부모 자식 간 거래(계약자. 수익자 변경)만 가능하다.

암 환자의 표적치료비용이 주사 1회에 700만 원씩 10회 총 7,000만 원이라도 해당 보험만 콕 집어 가입하면 월 2~3천 원 부담으로 바뀐다. 왜 병원비와 싸우려 하나? 보험료와 싸우면 되지. 더욱이 보험료는 위험 분산을 위한 '최저가 공동 구매'이다. 여기에 밑줄!

누군가 죽어서 싸졌다. (사차 이익)
금리가 올라서 싸졌다. (이차 이익)
누군가 해지해서 싸졌다. (해약 이익)
부모의 선(先) 가입으로 싸졌다. (나이 이익)

건강할 때 구매하니 싸졌다. (건강체 이익)

공동 구매, 공동 부담이라서 싸졌다.

납입기간에 대한 오해

1. 10년납이란 말은 서명 전까지다. 제1회 보험료를 납부한 순간부터 9년 11개월, 9년 10개월… 이런 식으로 기간이 줄어든다. 납입기간이 줄어드는 성취감, 적립금이 쌓이는 소심한 기쁨들이 대범함(보험금)으로 바뀐다.

2. 30년납으로 가입한 아빠가 자꾸 15년납이라고 우긴다. 왜? 15년 뒤 계약자를 자녀로 변경할 거니까. 30년납도 '세대 간 이어달리기'로 부모 15년납, 자녀 15년납으로 나누면 된다. 부모는 미리 선물(先物)하여 선물(膳物)하게 되고, 자녀로선 15년 전 가격으로, 사업비 공제를 다 끝낸 보험을 넘겨받게 된다.

3. 종신보험은 '종신'까지 유지하는 보험이 아니다. 중간에 보험금을 타거나, 목돈을 찾아쓰게 되어 있다. 또한 30년납도 중간

에 해지하면 해지 시점, 보험금을 탔다면 보험금 지급 시점, 납입면제를 받았다면 납입면제 시점이 실제 납입기간이다.

보험금 쇼핑 전략

2011년 4월 이전에 가입한 보험계약의 소멸조건은 '사망 및 고도장해'였다. 고도장해(장해 80% 이상) 상태가 되면, 주보험은 물론, 애써 가입해 놓은 모든 특약까지 소멸된다. 가령, 황반변성으로 두 눈이 실명되면 장해율 100%이다. 이때 입원, 수술, 진단, 사망 등 모든 보장도 동시에 사라지고 계약자 준비금만 지급된다.

또 보험을 한 회사, 한 상품으로만 가입하면 보험금 청구는 편하지만, 한 회사에 보험금이 집중되면, 손해사정이나, 보험사가 지정하는 자문의 의뢰 등 까다로운 심사로 보험금 지급이 지체되거나 태클이 들어올 수 있다. 회사와 상품의 분산 전략도 필요하다.

가족만의 의료시스템

> 건강검진 결과 대장암 진단을 받은 Y 씨(여. 50세), 갑작스러운 암 통고에도 당황하지 않고 전용 콜센터로 전화한다. 전담 간호사와 일정 조율 후, 다음날 대학병원 전문의에게 진료받았다. 수술을 위해 입원할 때 전담 간호사가 차량으로 에스코트까지 해주었다. 그날, 남편은 해외 출장 중, 자녀는 변함없이 등교하고...

암 진단을 받으면 사람은 2부류로 나뉜다. 주변에 알리거나 주변에 입단속 시키거나! 왜 주변에 알리게 되었을까? 도움과 지지, 조언, 병원과 명의(名醫)를 찾기 위함이다. 어렵게 명의를 찾아도 진료까지 몇 달을 기다려야 할지 모르고, 게다가 1인 가구라면 당황할 수밖에 없기 때문일 것이다. 부작용도 있다. 연민의 시선은 의욕을 떨어뜨리고, 선입견으로 인한 일상과 사회생활에도 영향을 끼친다. 혹여 남의 불행에 내심 손뼉을 치거나 혹시 모를 도움 요청을 우려해 연락을 끊거나, 비전문적인 조언으로 시행착오를 겪게 될 수도 있다.

치료과정은 '나 홀로' 겪어야 하는 과정이다. 가입한 보험이 튼튼하고, 헬스케어 서비스만 있다면 굳이 알려야 할 이유가 사라진다. 24시간 전담 간호사에게 문의할 수 있고, 1대1 관리로 복약, 운동, 식단, 멘탈까지 상담받을 수 있다.

헬스케어 서비스는 꼭 필요한 것이지만, 개별로 가입하기엔 무리가 있고, 최근 출시되는 보험상품에 내장(embedded)돼 있어, 기존 보험 가입자라면 추가 보험 가입을 통해서만 장착할 수 있다. 시간이 갈수록 회사별로 더욱 업그레이드될 것이다.

평시	건강관리 앱(App)	건강코칭 · 건강정보
	건강검진 · 예약	검진항목 설계 · 예약
	전문의료진 상담	전문 콜 센터
전시 (진단)	병원안내 · 진료예약	빠른 진료예약
	간호사 병원 동반	중대질환 수술, 입 · 퇴원 시
	간호사 24시간 상담	항암 치료 중 1:1 증상 / 복약 관리
	차량 에스코트	중대질환으로 입 · 퇴원 시 (집 혹은 터미널 등)

| 마치는 글 |

    2009년 장수입장권을 쓴 이후, 곳곳에 세워진 요양병원, 노인 유치원, 암 진단비를 수령한 주변인들을 보며 타임머신을 타고 초고령화 시대로 이주해 왔음을 체감한다. 우리는 다시 중(重)고령화와 대(大)상속 시대로 급격히 이동 중이다. 미래는 이미 현실이다. 막연한 희망은 내려 두고 닥친 현실을 직시하며 현금을 만들어야 한다. 젊은 날 동료와의 경쟁도 의미가 없다. 오직 자신과 가족에게로 눈을 돌려야 한다.

    미래에 어떤 시나리오가 주어졌는지 모르므로 우선, 최악의 시나리오부터 막아야 한다. 복권에는 당첨 안 돼도 보험금에는 당첨되어야 한다. 극심한 생활고로 어머니에게 2만 원만 보내 달라 전화하던 청년의 자살 소식, 소액생계비대출 50만 원을 받고, 이 돈이 없었으면 죽었을지도 모른다며 울먹이는 이의 모습을 생각해보자. 역경을 당한 이에겐 단돈 100만 원도 '억만금'이다.

    월 3~4천 원에 불과한 표적치료비 담보가 없어, 6~7천만 원 대출을 받고, 그 빚을 갚으러 다시 일터로 향하는 암 환자, 월 2~3만 원의 상해후유장해 담보가 없어 절망하는 이들, 가족 중 한 명이 사전연명의료에 대한 준비없이 갑자기 중환자실로 들어가게 되어 수년간 고통받는 가족, 국민연금에 대한 오해로 반환일시금을 받고, 추납 기회를 놓친 이들. 상속이 곧 채무 재앙인 줄 모르고 파티를 열었던 사람들, 열심히 성실하게만 살면 노후가 준비되리란 순진한 믿음은 당신을 배신하게 될 것이다. 우리는 보다 똑똑해져야 한다.

생활비 중 낭비요소를 조금만 조정하여도 여력을 만들 수 있다. 가령, 휴대폰 요금을 4~13만 원씩 내면서도 데이터가 겨우 500메가로 인터넷 화면도 안 넘어간다면 알뜰폰으로 바꾸어 보라. 기본 7기가를 넘어 무제한 데이터를 사용하고도 요금은 17,000원이다. 휴대폰을 최소 30년을 사용한다고 할 때, 이 차액으로 수억 원대의 현금을 만들 수도 있다.

연령별 위험요소를 파악하고 이에 맞춰 착실히 보험증서를 모아 간병에 대비하고, 사망보험금에 대한 생각도 바꿔야 한다. 이제 재무설계는 '소비자 자신'의 몫이고, 적립금도 쌓아야 한다. 당장 국민연금에 문의하여 65세까지 납입하였을 때 수령액이 얼마인지 알아보고, 가족 개별 파일을 만들어 보험증권을 정리한 후, 어떻게 하면 내 보험을 제대로 작동하게 만들까 세심히 살펴야 한다.

지금까지 '요즘 이야기'와 '생각의 출발점'(Power thinking)을 나누었다. 1독에 그친다면 교양서적이다. 2독은 개인 과외다. 3독은 전문서적이다. 4독을 했다면 이 책은 당신의 운명을 바꿀 것이다. 핵심내용을 읽을 때마다 생각을 붙여 정리하고, 밑줄 친 내용은 한 번 더 읽고 실천하기 바란다.

잠시 일상을 멈추고, 밀려오는 거대한 쓰나미를 바라보자. 그동안 막연히 저축하고 돈을 모은다고만 생각했거나, 땀 흘려 일하며 앞만 보고 달려온 독자가 이 책을 통해 가장의 존재와 역할에 대해 진지하게 생각해볼 기회와 노후 준비와 보장의 재점검의 출발점이 되길 바란다.

돈암동 연구실에서
김 송 기

POWER MENTORING
억만장자의 언어

초판	2023년 9월 4일 / 2쇄 2024년 1월 5일
지은이	김 송 기
	C.P 010-3212-2141
	e-mail : kimsg0607@hanmail.net
발행인	김 송 기
발행처	SM성공문화연구소
등록번호	제 303-2005-000005호
등록일자	2005년 2월 1일
주소	서울 성북구 동소문로 34길 24 107-904(돈암동, 삼성)
전화	02) 6451-0411 FAX 02) 6451-0412
가격	20,000원

copyright 김송기, 2023
ISBN   979-89-94611-04-4

* 본 저서는 저작권법에 의하여 법률로 보호되어 있어
  무단 복제, 전제, 임의 도용 등 엄격히 금지되어 있습니다.